首批国家级一流本科课程线上线下混合式一流课程配套教材
国家首批精品在线开放课程数字化教材

文化差异与跨文化交际

（第二版）

曾利娟◎主　编
杨明星　刘吕红　麻　哲　张留斗◎副主编

中国铁道出版社有限公司
CHINA RAILWAY PUBLISHING HOUSE CO., LTD.

内容简介

本书是首批国家级一流本科课程线上线下混合式一流课程和国家首批精品在线开放课程“文化差异与跨文化交际”的数字化教材。书中对中西方文化在建筑、饮食、艺术、语言交际与非语言交际之间存在的差异进行对比，旨在帮助读者更好地了解影响跨文化交际的语言障碍、文化障碍及其产生的原因，克服语言障碍、文化障碍和文化冲突，掌握跨文化交际中常用的交际原则与交际策略，培养和提高跨文化交际意识与跨文化交际能力，了解人类曾经创造过的重要文明成就和不同文明形态发展的历程，弘扬和传承中华优秀传统文化，提升中国文化在国际上的传播力与影响力。

本书适合普通高等学校各专业学生学习，也适合留学生、访问学者、对外汉语教师、企业家、跨国公司员工、对外经贸人员、海外移民国际班学生以及对中西方文化感兴趣的读者阅读和学习。

图书在版编目（CIP）数据

文化差异与跨文化交际/曾利娟主编. —2版. —北京：中国铁道出版社有限公司，2024.3（2025.9重印）

首批国家级一流本科课程线上线下混合式一流课程配套教材. 国家首批精品在线开放课程数字化教材

ISBN 978-7-113-30841-4

Ⅰ.①文… Ⅱ.①曾… Ⅲ.①东西文化-比较文化-高等学校-教材②文化交流-高等学校-教材 Ⅳ.①G04②G115

中国国家版本馆CIP数据核字（2024）第037648号

书　　名：文化差异与跨文化交际
作　　者： 曾利娟

策　　划： 潘星泉　　**编辑部电话：**（010）51873090
责任编辑： 潘星泉
封面设计： 刘　颖
责任校对： 苗　丹
责任印制： 赵星辰

出版发行： 中国铁道出版社有限公司（100054，北京市西城区右安门西街8号）
网　　址： https://www.tdpress.com/51eds
印　　刷： 河北燕山印务有限公司
版　　次： 2019年10月第1版　2024年3月第2版　2025年9月第3次印刷
开　　本： 787 mm×1 092 mm　1/16　**印张：** 12.75　**字数：** 311千字
书　　号： ISBN 978-7-113-30841-4
定　　价： 49.80元

编写委员会

主　编：曾利娟

编　委：（排名不分先后）

杨明星	刘吕红	张留斗
高灵英	王郑菊	陈　莉
麻　哲	郭　华	王　伟
李　珩	王凤华	郭　菲

序

2018年5月9日晚，曾利娟教授邀我客串由她主讲的国家首批精品在线开放课程“文化差异与跨文化交际”，由于跨文化交际也是我的研究兴趣之一，现在又与曾教授是同事，特别是还有机会近距离地领略她上课的风采，我便欣然前往了。

果然，曾教授的授课方式生动、风趣、深入浅出、通俗易懂，极富感染力。课程采用了一些实景教学和访谈形式，使学习者有身临其境的感觉，特别是还采用了大量视频、音频、图片、实景，视觉效果很好，丰富了教学内容与教学形式，给人耳目一新的感觉。

带着这种印象，考虑到那天曾教授讲授的只是“国际交流与社交礼仪”，我真的还想更多地了解这门课的总体内容情况。于是，当曾教授嘱我为其即将出版的教材《文化差异与跨文化交际》作序时，我便欣然应允了，因为我可以先睹为快。

从教材的内容看，真够全的，而且，实用性和趣味性非常突出。本教材共分为十二章，涉及中西方文化交流史，中西方在衣、食、住、行、艺术修养等方面的文化内容，例如，文化交流、文化符号、交际方式、人际关系、沟通技巧、社交礼仪、习俗文化以及价值观等方面。同时，书中还对比分析了东西方在语言交际、非语言交际方面存在的差异，分析了影响跨文化交际的障碍：语言障碍和文化障碍，以及跨文化交际失败的案例。第二版教材新增了中西方文明互鉴、文化传承、文化自信、国际交流与国际形象等关于文化方面的热点话题，内容与时俱进。曾教授使用了大量的第一手资料，即她个人的亲身经历，这样就更能激发学习者的学习兴趣，提高他们的文化素养以及跨文化交际能力。

该教材从中西方文化对比视角来谈中西方文化差异；从语言交际与非语言交际方式谈跨文化交际；从实景、影视和图片中领略中西方文化的魅力；从师生访谈中了解中西方文化冲突及其对策；从文明成就中理解文明互鉴与文化传承的意义，从文化差异中求同存异，树立文化自信，在国际交流中树立国际形象。我认为，该教材有助于让学生了解中西方文化差异，培养学生的跨文化交际意识，提高学生的沟通能力与跨文化交际能力；也有助于让学生掌握一定的沟通技巧、社交礼仪和跨文化交际原则及策略，提升学生的人文素养和文化品味；进而有助于拓展学生的国际视野，培养一批既有专业知识、文化素养和家国情怀，又能讲好中国故事的国际化人才。

实践表明，在全球化背景下，在我国提出共同建设"一带一路"倡议背景下，在弘扬中国优秀传统文化的大背景下，这种混合式教学模式和这种题材的在线开放课程不仅利用了现代互联网技术，而且保留了传统课堂教学形式，使学生既可以通过在线学习课程视频，又可以在线下与老师互动或在校际之间产生互动，是一种全新的学习体验，有助于为我国培养高质量的具有跨文化交际能力的国际化人才。

曾利娟是郑州大学外国语与国际关系学院教授、硕士生导师，也是河南省高等学校教学名师、河南省优秀教师、河南省教学标兵，曾到美国佛罗里达大学做访问学者，也曾在新西兰奥克兰大学进修学习，现兼任剑桥 BEC 考官、雅思监考官，具有丰富的跨文化交际教学与实践经验。

曾利娟教授多年来致力于高等教育信息化教学探索实践与研究，经验积累和教学心得颇丰。我相信，这本《文化差异与跨文化交际》，将带您一起跨越历史的长河，追溯文明的起源，领略中西方文化的魅力，了解沟通技巧与国际礼仪，帮助您克服文化冲突和跨文化交际障碍，为您开启一扇通向世界的大门——帮助您成为具有国际视野和家国情怀的国际化人才，在跨文化传播中讲好中国故事，树立中国形象。

胡庚申

2023 年 10 月

于郑州大学外国语与国际关系学院

专家工作室 A1326

前言
（第二版）

本书是根据编者主讲的首批国家级一流本科课程线上线下混合式一流课程、国家首批精品在线开放课程“文化差异与跨文化交际”和“文化差异与跨文化交际(思政版)”编写的数字化配套教材。

新时期,我国先后提出了一系列国际倡议和国际治理理念,如“‘一带一路’倡议”“全球发展倡议”“全球安全倡议”“全球文明倡议”“构建人类命运共同体”的理念,基于上述时代背景,本书不仅更新了课程视频,而且修订了配套教材,旨在为我国培养大批具有国际视野、通晓国际规则、具有家国情怀和传播能力的国际化人才,讲好中国故事,促进中西方文明互鉴,在交流中相互包容,求同存异。

本书融入课程思政,突出时代特征,做到与时俱进;在第一版十章内容的基础上又增加了线下课教学内容,例如,在第一章“中西文化交流”中,增加了“东西文化交流”“中国历史上的翻译浪潮”两节内容;在第九章后面增加了三章内容,分别是“文明互鉴与文化传承”“文化差异与文化自信”“国际交流与国际形象”;删除了原来第十章内容——测试题及参考答案。

第二版与第一版相比更加突出了以下内容:

(1)了解人类曾经创造过哪些重要文明成就。

(2)了解人类不同文明形态发展的历程。

(3)在文化、经济、教育和信息全球化背景下,该如何弘扬和传承中华优秀传统文化,树立文化自信,讲好中国故事,提升中国文化在国际上的传播力与影响力,塑造良好的国际形象。

本书能够帮助读者了解中西方文明互鉴的历史与文明成就,掌握跨文化传播相关概念、知识、礼仪和途径等知识;培养读者的跨文化交际意识,提升外语翻译能力、沟通能力与对外传播能力;弘扬和传承中华优秀传统文化,树立文化自信,增强民族自豪感,为新时期加强中外国际交流、树立中国国际形象提供更多帮助。

本书采用中西方文化对比方式,运用史料、图片和视频等素材展示文明成就,突出历史、文化、文学、医学、科学、传播学等跨学科知识融合特点，挖掘和融入课程思政元素，旨在通过开展通识教育，提高学习者的人文素养和科学素养。

本书将“文化差异与跨文化交际”线上学习内容与线下教学内容融为一体，不仅为选课学校的教师提供了丰富的视频和文字备课素材，同时也能为广大学习者提供完整的学习内容。希望本书能够帮助读者通过学习“文化差异与跨文化交际”与“文化差异与跨文化交际（课程思政版）”两门课程，拓宽自己在中西方文化方面的知识，了解中西方文化存在的差异，掌握一定的跨文化交际手段与沟通技能，消除在跨文化交际中遇到的语言障碍、文化障碍，培养跨文化交际意识，提高跨文化交际能力，成为具有全球视野、家国情怀、社会担当的国际化人才，在国际上传播中华优秀文化，树立良好中国形象。

纵观历史，东西方文明在不同时期创造了各自独特的文字、建筑、天文、历法、算术、法律、科技、医学、哲学、文学、艺术等文明成果。如古埃及、古巴比伦的建筑与历法；古印度的阿拉伯数字与医学；阿拉伯国家的文学、医学和翻译；中国的四大发明、二十四节气、武术、中医；古希腊、古罗马的哲学、天文学、法律、建筑、艺术、戏剧；欧洲的航海与地理大发现、文艺复兴、科技革命、启蒙运动、英国工业革命等，这些文明成就不仅给人类留下了宝贵的物质财富与精神财富，也为推动人类文明进步与共同繁荣做出了巨大贡献。

本书将带您一起去探索中西方文明的奥秘，回顾中西方文明互鉴的历史，展望新时期中外国际交流与合作的美好未来。欢迎您与郑州大学曾利娟教授一起踏上文明互鉴之旅，为中西方文化交流架起一座沟通桥梁。

编　者

2023 年 9 月

前　言
（第一版）

在文化全球化发展趋势的背景下，文化趋向多元化，中西方文化相互渗透、相互融合，因此，我们不仅要吸收优秀的外来文化，更要传承我们中国的民族文化，我们要将拥有五千年悠久历史的中国文化传播到世界各地。要完成这一伟大的历史使命，首先我们要坚持文化自信，了解和热爱自己的民族文化。其次，我们还要了解中国文化与西方文化之间的差异。最后，我们要培养自己的跨文化交际意识，提高我们的跨文化交际能力。跨文化交际能力是我们从事国际交流的重要沟通技能，是我们适应全球化时代发展的需要，也是我们国家培养国际化人才的需求。

人们在生活上，免不了要与不同的人打交道，我们通常会使用语言或者非语言与他人进行沟通与交流，在与不同文化背景的人进行交流时，即在从事跨文化交际时，为了保证交际能够顺利进行，我们必须了解中西方文化差异，克服跨文化交际中的语言障碍和文化障碍，克服文化冲突，掌握跨文化交际原则与策略，只有这样我们才能成功地实现跨文化交际。

基于上述需求，我们设计并开发了“文化差异与跨文化交际”慕课，课程内容主要围绕以下10个问题展开：

(1)您了解中西方古代文明与文化吗？

(2)您了解中西方文化交流的历史吗？

(3)您了解中西方文化之间的差异吗？

(4)如何选择交际方式和交际技巧？

(5)如何正确使用语言交际？

(6)如何正确使用非语言交际？

(7)如何克服跨文化交际障碍？

(8)如何运用跨文化交际原则与策略？

(9)如何申请和办理出国留学？

(10)如何顺利完成留学任务？

在课程最后，笔者与几位具有不同国家工作、学习经历的老师和学生一起分享他们的跨文化交际经验，并带领大家开启跨文化交际之旅。

该课程不仅涵盖语言学中的一些重要理论，如语用学、认知学、词汇学、图示学和修辞学，而且涉及与人们生活息息相关的衣、食、住、行、艺术修养等文化内容，如文化交流、文化符号、交际方式、人际关系、沟通技巧、习俗文化以及价值观等，对比分析了东西方在语言交际、非语言交际方面存在的差异，分析了影响跨文化交际的障碍：语言障碍和文化障碍，以及跨文化交际失败的案例。

课程录制应用了现代信息技术，不仅采用了丰富多样的视频资料、音频资料、图片、PPT等素材，而且采用了实景拍摄，例如，部分课程内容是在酒庄、茶社、中餐厅和西餐厅等实景地进行拍摄和讲授的，给学习者以身临其境的感觉，同时能够帮助学习者把交际原则和策略融于交际情景中，学以致用；此外，课程中还涵盖了作者及其朋友的一些访学和留学的亲身经历，让大家能够更直观地了解和感受文化差异和跨文化交际，同时让课程具有更强的实用性和趣味性。

本书是在国家首批精品在线开放课程“文化差异与跨文化交际”视频内容的基础上编写而成。全书内容丰富，层次清晰，结构合理。每节开头是“视频文本”，读者通过扫描二维码可观看视频，了解本节内容；在每节中都会穿插“知识链接”以帮助读者更好地学习本节所讲授的知识；在每章结尾，都分别设置了“知识拓展”“资源共享”“本章测试”，以帮助读者拓展和巩固所学到的知识；在本书的最后部分，还附有慕课平台测试题和模拟题以及答案，以便于在线上学习的学生，在线下对学习的知识进行巩固和消化。

希望本书能够帮助读者拓宽自己在中西方文化方面的知识，了解中西方文化存在的差异，掌握一定的交际手段与沟通技能，清除在跨文化交际中遇到的语言障碍、文化障碍，培养跨文化交际意识，提高跨文化交际能力，成为具有全球视野的国际化人才。

由于与本书配套使用的在线开放课程的视频内容录制较早，视频中的内容有时会与现在的情况有所差异，这些地方在书中已逐一做了修正，读者在学习时，须以书中内容为准，由此造成的不便，敬请读者原谅。

“文化差异与跨文化交际”课程的宗旨：让文明走进校园，让文化滋润心田，让沟通畅快无限，让世界变成家园。

编　者

2019. 4

目录

绪论 文化与文明概述

第一节　文化与文明

视频文本

在互联网信息时代与全球化发展趋势的背景下，人与人之间的信息沟通将更加方便、快捷与频繁。如今越来越多的人有机会跨出国门到异国他乡去学习、工作、生活、探亲和旅游。因此，跨文化交际已成为人们对外重要的沟通能力。学习“文化差异与跨文化交际”这门课程有助于大家了解中西方文化存在的差异及其所产生的原因，在坚持文化自信的基础上，探索跨越中西方文化沟壑的途径，从而成功地实现跨文化交际。

首先讨论什么是文化，文化是一种什么现象。

一、文化定义

不同学科和研究领域的中外学者就“文化”给出的定义多达250多种。

广义的文化是指人类创造的一切物质产品和精神产品的总和。狭义的文化专指语言、文学、艺术及包括一切意识形态在内的精神产品。

二、文化分类

文化可以分为物质文化和精神文化。

物质文化是指通过人们创造的各种实物产品表现出来的文化，包括建筑物、服饰、食品、用品、工具等。

精神文化是指通过人们思维活动所形成的方式和产品表现出来的文化，既包括价值观念、思维方式、审美趣味、道德情操、宗教信仰，也包括哲学、科学、文学艺术方面的成就和产品。社会制度、习俗文化也属于精神文化。

三、文化要素

文化要素包括物质文化、精神文化、象征符号以及规范等。

物质文化是指人类创造的物质产品，包括生产工具和劳动对象以及创造物质产品的技术。精神文化是人类在从事物质文化基础生产上产生的一种人类所特有的意识形态，它是人类各种意识观念形态的集合。象征符号是指人们逐渐积累的、具有典型特征并代表某种事物相应含义的标志性记号。规范即明文规定或约定俗成的标准，如道德规范、技术规范等。

四、文化现象

1. 文化是一种社会现象

文化为什么是一种社会现象，这一点我们先从《人猿泰山》故事讲起。《人猿泰山》讲述的是一个名叫泰山的孩子成长的故事。当泰山还在襁褓里的时候，他的父母被一只花豹吃掉了，他从此成为一名孤儿，与此同时，一个名叫卡娜的大猩猩也刚刚失去自己的爱子。于是，卡娜就把泰山当作自己的孩子，并将他抚养带大。起初泰山以为自己和大猩猩是同类，直到有一天，一支科考队到他们那儿进行科学考察，这时他才发现原来自己跟大猩猩不是同类，而是属于人类。请问当时的泰山具有人类的语言能力和文化意识吗？

当然不具有，因为他从来没有生活在人类社会。

另一个故事发生在印度，是关于一个狼孩儿的故事。据说有个名叫莫戈里的男孩从小就与狼群生活在一起，他在与狼沟通交流时只会用狼嚎的形式。请问这个狼孩儿具有人类的语言能力和文化意识吗？

同样他也不具有。这两个故事告诉我们什么呢？

这两个故事告诉我们：如果一个人长期脱离人类社会所特有的生活环境和文化环境，即便他是一个自然人，也不具备人类所特有的语言能力和文化意识。由此可见，一个人的文化背景不是由个人的生物基因决定的，而是由他后天的生活环境所决定的。所以，我们说文化是一种社会现象。

2. 文化是一种民族现象

中国有56个民族，不同的民族有其独特的民族语言、民族服饰、民族音乐、民族节日、民族习俗等。不同民族的文化带有很深的民族烙印。同样，美国是一个移民国家，被称作“大熔炉”，因为那里汇集了来自世界各地不同国家、不同地区、不同种族的移民，他们将自己的民族文化带到了美国，这些文化相互融合、相互包容，形成了美国特有的文化。例如，美国的五大象征：自由女神、芭比娃娃、美国哥特式、野牛镍币和山姆大叔。

同样，中国也有自己的民族象征符号，例如，中国的儒家思想、京剧、中国龙、青花瓷、孔子、长城等。因此，我们说文化是一种民族现象。

3. 文化是一种历史现象

由于各国的历史不同，其呈现出的文化也迥异，我们可以通过一个国家或者民族的建筑、服饰、科技发明、历史文献、文学、艺术、体育等方面来了解他们的历史文化。

1）中国历史

我们可以从敦煌莫高窟、秦始皇兵马俑、丝绸之路了解中国的历史；也可以通过中国的民族服饰来了解中国的历史，例如，汉服、唐服、宋服、明清服等。我们还可以通过唐诗、宋词、元曲来了解中国的文学史。我们也可以通过阅读史书，如《史记》《三国志》《大唐西域记》等来了解中国的历史发展过程。同时中国还有许多非物质文化遗产，例如，昆曲、京剧、吴桥杂技、武术、太极等。

这些都是中国历史文化的优秀代表，它们见证并记载着中国历史发展的过程。

2）欧洲历史

我们可以通过了解以古希腊、古罗马为代表的建筑、哲学、科技、文学、艺术、体育等来了解欧洲的发展史。例如，希腊神话、希腊戏剧以及希腊的雕塑艺术。大家非常熟悉的著名雕塑有：掷铁饼者、维纳斯、雅典娜女神等。古罗马的雕塑有：戎装的高古斯都、母狼等。

欧洲建筑风格分别是：罗马式、哥特式、巴洛克式和洛可可式。古希腊代表性建筑：帕特农神庙、雅典卫城、宙斯神庙、奥林匹亚遗址、阿提卡圆形剧场等。古罗马代表性建筑：罗马水渠、万神庙、罗马斗兽场。这些代表性建筑和雕塑反映了欧洲的建筑史和雕塑艺术史。

同样我们也可以了解古希腊的一些科学史，例如，欧几里得著有《几何原本》、毕达哥拉斯是第一个证明“勾股定理”的人、阿基米德著有《方法论》。

谈到体育，大家非常熟悉的“奥林匹克运动会”就发源于古希腊的雅典。

这些历史对于欧洲的启蒙时代和文艺复兴都起到了非常重大的影响作用。所以，我们说文化也是一种历史现象。

4. 文化是一种生活方式

各地不同的生活方式反映出不同国家和地区文化的差异，例如，中国人喜欢吃饺子和米饭，意大利人喜欢吃比萨、空心粉，韩国人喜欢吃泡菜和烧烤，美国人喜欢吃热狗和汉堡；中国人喜欢喝白酒，法国人喜欢喝红酒，德国人喜欢喝啤酒，英国人喜欢喝威士忌，加拿大人喜欢喝冰葡萄酒，而俄国人喜欢喝伏特加；中国人习惯晚上睡觉前洗澡，而美国人习惯早上起来洗澡；中国人用筷子吃饭，而西方人则用刀叉，印度人用手吃手抓饭。

传统的中国人祖祖辈辈固守在同一片土地上过着稳定的生活，吉普赛人则过着流浪生活，因纽特人以捕鱼为生,他们生活在北极圈内。不同的生活方式反映出不同国家和民族的文化。所以,我们说文化又是一种生活方式。

那么文化具有什么特点呢?

五、文化特点

文化是后天学习得来的,而不是天生具有的,所以文化不是由我们的生物基因决定的,而是由我们后天生长环境决定的。

文化是共享的,而不是个人现象,它是一种社会现象、民族现象、历史现象,它是我们共同生活方式的一种表现。

文化是稳定的,例如,我们许多民族的传统文化是代代传承下来的。

文化是动态的,文化是随着历史的发展在不断地进化、不断地发展和不断地变化。

文化是主观的,因为文化具有政治性、民族性和阶级性。同时,文化又是客观的,文化不以个人的喜好、褒贬而客观存在。

文化是具体的,例如,一些物质文化和精神文化是我们可以看得见、摸得着的。同时,文化又是抽象的,例如,制度文化和习俗文化,这些文化是非常抽象的。

通过这一节课的学习,我们了解了:

(1)文化不是由个人基因决定的,它是一种社会现象、民族现象、历史现象和生活方式,文化是人们通过劳动而创造出的历史产物。

(2)文化对人的成长有重大的影响作用。

(3)人是社会的人,也是文化的人。

(4)文化需要我们代代传承。

六、文明定义

文明是有史以来沉淀下来的,有益增强人类对客观世界的适应和认知,符合人类精神追求,能被绝大多数人认可和接受的人文精神、发明创造以及公序良俗的总和。文明是人类发展史上的特殊阶段,是人类脱离动物界后进一步脱离了原始野蛮状态的阶段。

1958 年美国芝加哥大学东方研究所召开了一个“近东文明起源学术研讨会”,会上一位叫克拉克·洪的学者提出了文明的三条标准,后经英国剑桥大学学者格林·丹尼尔补充,并通过他的著作《最初的文明》(副标题“文明起源的考古学”)在全世界得以普及。

七、文明的三条标准

(1)有城市。

(2)有文字。

(3)有复杂的礼仪建筑,例如,教堂、寺庙等。

对比东方四大文明古国,我们发现它们有以下几个共同特点:

(1)都处于大河流域。例如:古埃及处于尼罗河流域;古印度处于恒河流域;古巴比伦处于两河流域,即底格里斯河和幼发拉底河流域;中国处于黄河流域。

(2)都处于土地肥沃的地方。

(3)易于灌溉。

(4)阳光充足。

(5)气温适中。

(6)适于农作物生长。

(7)能满足人类基本的衣、食、住、行等生存和生活要求。

第二节　中国古代文明

一、中国古代文明的起源

中国古代文明起源于黄河流域。"中国"一词最早见于西周初年的青铜器"何尊"铭文中的"余其宅兹中国,自之辟民"。

大约在4500多年前,黄帝是生活在黄河流域原始部落的部落联盟首领。他提倡种植五谷,驯养牲畜,促使这个部落联盟逐步强大。他曾率领部落打败黄河上游的炎帝部落和南方的蚩尤部落。后来炎帝部落和黄帝部落结成联盟,在黄河流域长期生活、繁衍,构成了以后华夏族的主干成分。黄帝被尊奉为华夏族的祖先。

炎黄故里位于现在的河南省郑州市的新郑,每年四月份来自世界各地的许多华裔会回到炎黄故里祭拜自己的祖先。

二、中国古代文明的标志

中国是一个文明古国,其古代文明不仅符合有城市、有文字和有复杂的礼仪建筑的标准,而且据历史考证还拥有以下几个"世界第一"作为中国古代文明的标志:

世界最早的铜冶炼技术——陕西西安姜寨遗址冶炼黄铜,距今6700年。

世界最早的农业——江西万年县万年仙人洞遗址驯化水稻、栽培稻植硅石(1.2万年前)。

世界最早的造船技术——浙江萧山跨湖桥遗址独木舟(8000年前)。

世界最早的酿酒技术——河南舞阳贾湖遗址果酒沉淀物(9000年前)。

世界最早的乐器——河南舞阳贾湖遗址骨笛(9000~8600年前)。

世界最早的哲学著作——老子《道德经》(2500年前)。

世界最早的军事学著作——孙武《孙子兵法》(2500年前)。

三、中国优秀传统文化概述

中国优秀传统文化拥有五千多年的悠久历史，中国优秀传统文化博大精深，中华文明是东方四大文明中唯一没有中断的文明。作为龙的传人，我们首先要了解中国优秀传统文化，热爱自己的民族文化，只有这样我们才能够更好地传承和弘扬中国优秀传统文化。

1. 中国的语言文字

中国的文字是汉字，历史上有文字记载的最早的文字是甲骨文，出土于河南省安阳殷墟，距今已有3000多年的历史。汉语是中国的官方语言，也是当今世界上使用人数最多的语言。近年来，随着中国经济的发展和“一带一路”倡议的提出，中国对外开放的大门越开越大，全世界掀起了一股学习汉语的热潮。许多国家在大学甚至是高中开设了汉语课程，中国在许多国家开设了孔子学院，让中国文化在海外得以弘扬和传播。

2. 中国汉服

汉服，又称汉衣冠、汉装、华服，是世界上历史最悠久的民族服饰之一，是汉民族传承两千多年的传统民族服装，以儒家《诗经》《尚书》《周礼》《礼记》《易经》《春秋》、大唐《开元礼》和其他经史子集为基础继承下来的礼仪文化，体现了汉族千年不变的民族特色，并通过周礼和中华法系影响了整个汉文化圈。例如，日本的和服、韩国的传统服饰等都受到我国汉服的影响。

3. 中国古代文学

从先秦始，诗经、楚辞、汉赋、晋书、唐诗、宋词、元曲、明清章回小说、民国杂文都描绘了中华古代文学史的灿烂与辉煌。中国历史上曾涌现出一大批伟大的诗人和文学家。例如，唐朝著名的诗人李白、杜甫、王维、白居易等；宋朝著名的词人柳永、苏轼、李清照等。中国历史上曾留下了许多不朽的文学作品，例如，中国的四大名著《三国演义》《水浒传》《西游记》《红楼梦》。

4. 中国古代哲学

中国历史上曾出现过一大批优秀的哲学家和思想家，他们的思想对中国人的世界观、道德观、价值观以及教育观都产生了深远的影响，其中最有影响的是先秦时期的诸子百家。

诸子百家是后世对先秦学术思想人物和派别的总称。诸子是指中国先秦时期管子、老子、孔子、庄子、墨子、孟子、荀子等学术思想的代表人物；百家指的是儒家、道家、墨家、名家、法家等学术流派。在春秋战国时期，各种思想学术流派的成就，与同期古希腊文明交相辉映；以孔子、老子、墨子为代表的三大哲学体系，形成了诸子百家争鸣的繁荣局面。这些思想家为中国文化发展奠定了宽广的基础，对中国的邻国也产生了很大影响。

5. 其他中国优秀传统文化

中国优秀传统文化曾为人类文明的进步和发展做出过重大和积极的贡献，其中丝绸之路为中国与西方的贸易、经济往来和文化交流做出了巨大的贡献。中国的四大发明——造纸术、印刷术、火药和指南针为推动西方的教育、科技乃至整个人类社会的进步与文明做出了积极贡献。中国的丝绸、茶叶、瓷器以及饮食文化在世界上享有盛誉。

概括地讲,中国的传统文化是一种伦理文化、等级文化和忠孝文化。

伦理文化:仁、义、礼、智、信。

等级文化:君、臣、父、子。

忠孝文化:忠孝文化是以孝道为核心的伦理文化。中国人常说"百善孝为先""不孝有三,无后为大"。这些名言都反映了中国的孝道文化。

中国文化是集儒家(孔子)、道家(老子)、佛家(释迦牟尼)的文化。我们还可从以下三个地方去领悟儒、释、道三家不同文化的内涵:

少林寺——佛家文化,奉献文化,提倡慈爱众生、无私奉献。

中岳庙——道家文化,规律文化,遵从顺其自然、自我完善。

嵩阳书院——儒家文化,进取文化,主张积极进取、建功立业。

我们的祖先用他们的智慧和勤劳的双手为我们创造了丰富和优秀的物质文化与精神文化,作为中华儿女,我们有责任和义务将中国优秀传统文化继承下来并弘扬出去,因为这些文化是我们人类共同的文化遗产和宝贵财富。

第三节 西方古代文明

视频文本

一、古希腊文明

西方古代文明实际上指的是古代欧洲文明,古希腊与古罗马被称为欧洲文明的发源地。古希腊文明诞生于巴尔干半岛和爱琴海域,是欧洲文明的摇篮。下面从三个方面介绍古希腊文明。

1. 古希腊的政治

古希腊是一个民主制国家,古希腊时期的公民主要指成年男子,而不包括妇女、儿童、外国人和奴隶。每个公民都拥有选举权和被选举权,官位轮流充任,一年举行一次选举,并且大多数人没有连任。

2. 古希腊的经济

与东方四大文明古国不同,由于古希腊的地理位置不适合发展农业种植,所以其经济以海洋贸易与海洋运输业为主，比雷埃夫斯港曾经是当时地中海地区著名的国际商业港口，同时也是环地中海区的商品集散中心，所以在那里人们经常会看到不同肤色、不同国籍的客商讲着不同的语言、南腔北调，云集于此。古希腊也曾是拜占庭和中世纪时期东方文化和欧洲文化的交汇点。

3. 古希腊的文化

古希腊在历史上曾经创造过灿烂辉煌的文化，为人类留下了宝贵的物质财富和精神财富。下面从以下八个方面介绍一下古希腊的文化。

1）古希腊的语言

古希腊的语言是希腊语，希腊语也曾是西罗马帝国时期的官方语言。希腊语还是英语主要三大外来语——拉丁语、希腊语和法语之一。

2）古希腊的哲学

古希腊时期曾经出现过许多有影响的哲学家和思想家，他们的哲学思想不仅对欧洲而且对整个西方世界都产生了重大而深远的影响，他们与中国先秦时期的诸子百家交相呼应，共同推动了人类社会的进步与发展。早在苏格拉底之前，古希腊就出现了一批著名的哲学家，例如：

毕达哥拉斯——勾股定理（毕达哥拉斯定理）的证明者。

赫拉克利特——他的名言“人不能两次踏入同一条河流，因为无论是这条河还是这个人都已经不同”为大家所熟知。

德莫克里特——第一个发明“原子”一词的人。

之后古希腊著名的哲学家苏格拉底、柏拉图和亚里士多德三人共同创立了今天的西方哲学。这三位哲学家是师、徒、孙关系。柏拉图的代表作品有《理想国》和《法律篇》，他还根据老师苏格拉底的生平撰写了《对话》一书。

3）古希腊的文学

古希腊盲人作家荷马著有著名的《荷马史诗》，其中包括《伊利亚特》和《奥德赛》。这部史诗被称为世界四大名著之一。世界四大名著即荷马的《荷马史诗》、但丁的《神曲》、歌德的《浮士德》以及莎士比亚的《哈姆雷特》。

希腊人要求男孩子从小要学习背诵《荷马史诗》，就像中国人要求孩子从小要学习背诵《论语》《诗经》等经典著作一样。《荷马史诗》中的部分经典内容也出现在美国的中学课本中。《希腊神话》在全世界被广大读者所熟悉和热爱。

4）古希腊的戏剧

公元前5世纪，古希腊的戏剧进入了鼎盛时期，古希腊出现了一大批著名的戏剧家，他们的戏剧在世界戏剧史上产生了重大而深远的影响，其中欧里庇得斯、埃斯库罗斯和索福克勒斯并称为希腊三大悲剧大师，埃斯库罗斯的代表作是《被缚的普罗米修斯》，索福克勒斯的代表作有《俄狄浦斯王》。

知识链接

《俄狄浦斯王》

忒拜城的国王拉伊奥斯得到预言，说自己会死在儿子手中，于是，他在儿子俄狄浦斯出生三天后，就把儿子抛弃了。后来，俄狄浦斯被科任托斯国王收养，但是小俄狄浦斯并不知道自己的身世。直到有一天，俄狄浦斯得知自己不是国王的亲生儿子，于是便向阿波罗询问，阿波罗没有指出他的亲生父母是谁，只是说他会杀父娶母。俄狄浦斯害怕预言成真，便逃离了科任托斯。在路上，他碰到了自己的生父拉伊奥斯和四个随从。在冲突中，俄狄浦斯杀死了他并不认识的父亲。

国王死后不久，人们遇到了新的灾难，一个人面狮身的妖怪来危害忒拜城。这时，俄狄浦斯正在此地，他制服了妖怪，保护了那里的人民，于是他被拥立为王，娶了拉伊奥斯的妻子(他的生母)。这样，俄狄浦斯犯下了杀父娶母的罪行。这样平静地度过了十六七年，忒拜城发生了瘟疫，神暗示说要追查杀死先王的凶手，只有抓到凶手瘟疫才能平息。俄狄浦斯爱他的人民，竭力追查凶手。在追查的过程中，他发现是自己杀父娶母，于是他刺瞎了自己的双眼，离开了忒拜城，开始过起流浪生活。

除悲剧之外，古希腊的喜剧也非常的著名。阿里斯托芬是古希腊的三大喜剧家之一，也是最有影响的一位，被誉为“喜剧之父”。

5)古希腊的建筑

古希腊的建筑可以划分为三种风格：

(1)多里克风格，这种风格也被称为男性风格。

(2)龙尼克风格，这种风格也被称为女性风格。

(3)柯林斯风格，这种风格以华丽的装饰著称。

古希腊时期曾经建造了大批宏大的建筑，在世界建筑史上留下了宝贵的文化遗产，如今这些建筑或遗址已成为世界各地游客旅游观光的目的地。这些代表性的建筑有帕特农神庙、雅典卫城、宙斯神庙、奥林匹亚遗址、阿提卡圆形剧场。

古希腊的建筑艺术在神庙上得到了最高体现。位于雅典卫城著名的帕特农神庙就是为雅典娜女神建造的。

6)古希腊的雕塑艺术

古希腊的雕塑艺术对古罗马、欧洲乃至今天的西方雕塑艺术具有重大的影响。其最具代表性的雕塑艺术有米洛斯的维纳斯、掷铁饼者、老孔父子群像、雅典娜女神等，它们已成为全世界的艺术瑰宝。

7)古希腊的体育

奥林匹克运动会(简称奥运会)发源于古希腊的雅典，后来由于战争等原因曾经中断了很长时间，现代奥林匹克运动会开始于1896年，每四年举办一次奥运会，每次在召开奥运会之前，都需要采集奥运会圣火火种，奥运会圣火火种的采集就是在雅典的奥林比亚山上，然后由奥运会火炬手传递到举办国，再由奥运会运动员代表将火炬护送到奥运会主场馆，并点燃主火炬。奥运会已经成为全世界共同关注和参与的体育盛事。

8)古希腊的科学

古希腊不仅创造了伟大的哲学、文学、艺术，而且在科学上也取得了伟大的成就，古希腊著名的科学家有：

欧几里得——著有《几何原本》。

毕达哥拉斯——古希腊哲学家、数学家，他是第一个证明勾股定理的人。

阿基米德——著有《方法论》，他的名言“给我一个支点，我将撬动地球”经常被人们引用。

泰勒士——他认为万物由水构成，水是万物之源。

从上述介绍大家可以了解古希腊在哲学、文学、建筑、科学、雕塑艺术、体育等方面都取得了重大成绩，他们对欧洲文明和人类文明做出了巨大贡献，尤其是对后来的文艺复兴产生了深远影响。

视频文本

二、古罗马文明

古罗马通常指从公元前8世纪在意大利半岛中部兴起的文明，经历罗马王政时代、罗马共和国，于公元前1世纪前后扩张成为横跨欧洲、亚洲、非洲的庞大罗马帝国。古罗马是欧洲最古老的城市之一。据记载2700年前，就有人在此居住。在此后的两个世纪中，罗马帝国的疆域达到最大，其文化处于极盛时期。这段历史时期被称为“罗马和平”。到公元395年，罗马帝国分裂为东西两个帝国。西罗马帝国定都罗马，其官方语定为拉丁语，于公元476年灭亡。东罗马帝国定都拜占庭，拜占庭后更名为君士坦丁堡，即现在土耳其境内的伊斯坦布尔，其官方语定为希腊语。公元1453年东罗马帝国被奥斯曼帝国所灭亡。

1. 古罗马的法律

古罗马文明对西方乃至世界文明发展进程中最重要的贡献有两个方面：前半期的罗马法律和后半期的基督教。古罗马文明使古代欧洲文明达到了鼎盛时期。

古罗马时期制定的主要法律有《十二铜表法》《万民法》《自然法》，这三大法律已成为现代西方国家的民法和经济法的核心。

2. 古罗马文学

古罗马文学的全盛时期约为公元前80年至公元17年,这段时期以公元前42年为准又可分为两个时期,前期以西塞罗、恺撒、卡图卢斯为代表;后期以维吉尔、贺拉斯、奥维德、李维为代表。

3. 古罗马哲学

古罗马哲学深受希腊化时代斯多亚学派和伊壁鸠鲁学派思想的影响。其代表思想家为西塞罗,他认为善行产生快乐,智者就是依照理性指导而生活的人,因而不为烦忧痛苦所困扰。哲学家卢克莱修著有《物性论》,是流传至今唯一阐述古代原子论的著作。

4. 古罗马建筑

古罗马时期修建了大批宏伟的公共建筑,现已成为当地标志性建筑和文化旅游景点。其中代表性建筑有万神殿、罗马竞技场、圆形大剧场、君士坦丁凯旋门、罗马水渠、罗马斗兽场等。古罗马的建筑艺术深受古希腊建筑艺术的影响。古罗马时期修建了许多道路,因此才会有英语中的成语"条条大路通罗马"(All Roads lead to Rome)。

5. 古罗马艺术

古罗马艺术主要表现为壁画、风景画、人物画、雕塑四种形式。

古罗马人是古希腊绘画和建筑艺术的崇拜者和模仿者,但是相比之下,古罗马人在艺术方面更倾向于世俗生活的享乐,在壁画、风景画和建筑上追求宏大壮丽的风格,在人物肖像画上更强调个性。

古罗马壁画以庞贝时期的绘画最具代表性。18世纪,庞贝城被挖掘出来,发现了许多古罗马壁画。其被分为第一、二、三、四庞贝风格。第一风格是把彩色图画在建筑细部;第二风格增加了透视法,给人以宽敞的空间幻觉;第三风格在增强墙壁的平面性基础上,彩绘出精致的静物;第四风格增强透视效果,特别注重光色和动感。著名的古罗马壁画有《玻耳修斯与安德洛墨达》《阿波罗的奏乐》等。

古罗马风景画深受希腊田园诗的影响。奥古斯都时期主要有两种风景画题:神圣牧歌式风景画和建筑风景画。著名的古罗马风景画有《法尔内西纳别墅》《利威亚别墅》等。古罗马风景画的艺术特征有连续叙事和错觉艺术手法等。

古罗马人崇拜祖先,他们为死者做雕像,并有在新人入葬时,请出所有祖先肖像的风俗,所以罗马人早期的肖像带有自然主义的特色。罗马帝国时期,其肖像雕刻主要是写实风格,反映了人物的个性和复杂的内心世界。古罗马著名的肖像有《卡拉卡拉像》《马克·奥勒留骑马像》《奥古斯都全身像》等。

古罗马的雕塑继承了古希腊的风格,而最有特色的作品是人物肖像雕塑。例如,《演说者屋大维》《戎装的奥古斯都》《母狼》。

知识链接

《母狼》雕塑

公元前七八世纪，罗马国王努米托雷被其胞弟阿姆利奥篡位驱逐，其子被杀死，女儿西尔维娅与战神马尔斯结合，生下孪生兄弟罗慕洛和雷莫。阿姆利奥把这两个孪生婴儿抛入台伯河。落水婴儿幸遇一只母狼用奶汁哺育成活，后被一猎人养育成人。后来，两兄弟长大后杀死了阿姆利奥，并迎回外祖父努米托雷，重登王位。努米托雷把台伯河畔的七座山丘赠给他们建新都。后来罗慕洛私定城界，杀死了雷莫，并以自己名字命名新城为罗马。这一天是公元前753年4月21日，后定为罗马的建城日，并将“母狼乳婴”图案定为罗马的市徽。

古代希腊文明、古代罗马文明为世界文明做出了巨大贡献，对西方文艺复兴也产生了重大而深远的影响。

莫　高　窟

莫高窟，俗称千佛洞，坐落在河西走廊西端的敦煌。它始建于十六国的前秦时期，历经十六国、北朝、隋、唐、五代、西夏、元等朝代的兴建，形成巨大的规模，有洞窟735个，壁画4.5万平方米，泥质彩塑2415尊，是世界上现存规模最大、内容最丰富的佛教艺术胜地。

帕特农神庙

帕特农神庙是一座巍峨的矩形建筑物，矗立在古希腊共和国首都雅典卫城的最高点，是世界艺术宝库著名的神庙建筑，又名巴特农神庙。神庙历经两千多年的沧桑之变，如今庙顶已坍塌，雕像荡然无存，浮雕剥蚀严重，但从巍然屹立的柱廊中，仍然可以看出神庙当年的丰姿。

古希腊文明

古希腊文明持续了约650年(公元前800年—公元前146年)，是西方文明的摇篮。古希腊位于地中海东部，以希腊半岛为中心，包括爱琴海诸岛、小亚细亚西部沿海、爱奥尼亚群岛以及意大利南部和西西里岛的殖民地，扼欧、亚、非三洲要冲。地中海气候温和宜人，海洋资源得天独厚，古希腊从事海外贸易。希腊爱琴海地区在公元前6000—7000年前，就互通贸易。公元前3000年，爱琴海地区进入青铜器时代，出现了奴隶制国家，当时的克里特文明出现了宏伟的建筑，19世纪出土的克诺索斯王宫遗址是当时的典型建筑。公元前2000年前后，克里特岛出现了最早的国家，即爱琴海文明，也是古希腊最早的文明。后来爱琴海文明迁移到希腊半岛，出现了迈锡尼文明，它是古希腊文明的开端。约公元前1200年，另一支希腊人(多利亚人)群落入侵，古希腊进入荷马时代。在荷马时代晚期，铁器时代到来。随着海上贸易的兴旺，出现了城邦国家。古希腊人用腓尼基字母创造了自己的文字。公元前776年第一次奥林匹克运动会的召开，标志着古希腊文明进入了鼎盛时期。约公元前750年，古希腊人开始向外扩张，推行古希腊文明。在以后的250年间，希腊城邦遍及包括小亚细亚在内的地中海沿岸，其中斯巴达和雅典实力最大。

古罗马文明

古罗马是西方文明的另一个重要的源头。古罗马文明大约是从公元前8世纪起源于意大利中部台伯河入海处，在意大利半岛中部，吸收和借鉴了先前发展的古代文明的成就，建立了自己的国家，历经罗马王政时代、罗马共和国，创建了自己的文明，约于公元前1世纪成为强大的横跨欧洲、亚洲、非洲的罗马帝国。古罗马的法律和基督教对世界文明做出了杰出贡献。在西方文明发展史上，古罗马文明起着承前启后的作用。到公元395年，古罗马帝国分裂为东西两个帝国。西罗马帝国灭亡于476年。东罗马帝国(即拜占庭帝国)变为封建制国家，1453年被奥斯曼帝国消灭。

资源共享

一、精彩图片

中国敦煌莫高窟

秦始皇陵兵马俑

古希腊帕特农神庙

古希腊歌剧院遗址

古罗马万神庙

古罗马斗兽场遗址

二、图书推荐

[1] 叶涛. 中国民俗文化丛书[M]. 北京：中国社会出版社，2009.

[2] 白树勤. 英美文化之旅[M]. 北京：中国商务出版社，2004.

[3]《图书天下·世界历史系列》编委会. 古希腊（全彩图本）（图说天下/世界历史系列 3）[M]. 长春：吉林出版集团有限责任公司，2008.

[4] 黄易思. 罗马帝国兴亡史[M]. 北京：商务印书馆，1997.

[5] 斯塔夫里阿诺斯. 全球通史：1500 年以前的世界[M]. 吴象婴，梁赤民，译. 上海：上海社会科学出版社，1999.

三、视频推荐

(1)纪录片《本草中国》。

(2)纪录片《中国服饰文化》。

(3)电影《俄狄浦斯王》。

(4)电影《古希腊奥运会》。

(5)电影《埃及艳后》。

(6)电影《罗马帝国之衰落》。

本章测试

一、判断题

请判断下列句子是对还是错。

1. 文化可以分为物质文化，制度、习俗文化以及精神文化。(　　)

A. 对　　　　B. 错

2. 文化是一种社会现象、民族现象、历史现象和生活方式。(　　)

A. 对　　　　B. 错

3. 中国的四大名著分别是《三国演义》《水浒传》《西游记》和《红楼梦》。(　　)

A. 对　　　　B. 错

4. 古希腊盲人作家荷马著有著名的《荷马史诗》,包括《伊利亚特》和《神曲》。(　　)

A. 对　　B. 错

5. 古希腊的语言是希腊语,希腊语是英语主要三大外来语之一——拉丁语、希腊语和法语。希腊语也曾是东罗马帝国时期的官方语言。(　　)

A. 对　　B. 错

6. 古希腊著名的哲学家苏格拉底、柏拉图和亚里士多德三人共同创立了今天的西方哲学。苏格拉底是柏拉图和亚里士多德的老师。(　　)

A. 对　　B. 错

7. 奥林匹克运动会发源于希腊雅典,后来由于战争等原因曾经中断了很长时间,现代奥林匹克运动会开始于1899年,之后每四年在全世界不同国家举办一次。(　　)

A. 对　　B. 错

8. 少林寺佛家文化是进取文化,主张积极进取,建功立业。(　　)

A. 对　　B. 错

9. 毕达哥拉斯是第一个发现“勾股定理”的人。(　　)

A. 对　　B. 错

二、选择题(单选或多选)

请在下列A、B、C、D选项中选择一个或多个正确答案。

1. 古巴比伦发源于(　　)。

A. 两河流域(幼发拉底河和底格里斯河)　　B. 尼罗河流域

C. 黄河流域　　D. 恒河流域

2. 古罗马法律(　　)成为现代西方国家的民法和经济法的核心。

A.《物性论》　　B.《万民法》

C.《自然法》　　D.《十二铜表法》

3.《几何原本》是由(　　)所著。

A. 毕达哥拉斯　　B. 欧几里得

C. 阿基米德　　D. 塔利斯

4. 中国最早的文字是(　　),发掘于河南安阳。

A. 大篆　　B. 小篆　　C. 金文　　D. 甲骨文

5. (　　)不但是古罗马的一位伟大的政治家和军事家,而且在文学方面也颇有建树。其名言是“I came, I saw, I conquered”,表现出(　　)勇敢、果断、强势的性格特征。

A. 西赛罗　　B. 恺撒大帝

C. 卢克莱修　　D. 卢克莱修

6. 下列哪些建筑是古罗马的代表性建筑(　　)。

A. 帕特农神庙　　B. 罗马水渠

C. 万神庙　　D. 罗马斗兽场

7.(　　)被称为世界四大名著之一——其他三部是但丁的《神曲》、歌德的《浮士德》以及莎士比亚的《哈姆雷特》。

A.《理想国》　B.《论语》　C.《神曲》　D.《荷马史诗》

8. 文明的三条标准包括(　　)。

A. 有城市　B. 有文字

C. 有复杂的礼仪建筑,例如教堂、寺庙等　D. 有庄园

9. 世界上最早的军事著作是(　　)。

A.《孙子兵法》　B.《孙膑兵法》　C.《六韬》　D.《吴子》

10. 世界上最早的哲学著作是(　　)。

A.《道德经》　B.《大学》　C.《周易》　D.《论语》

三、思考题

1. 我们为什么要学习历史?

2. 历史上四大文明古国为什么只有中国文化从来没有中断过?

第一章 中西方文化交流

第一节 丝绸之路

中西方文化交流的历史可谓源远流长，有一条连接东方文明古国与西方文明古国的商业、政治、文化交流之路，这就是“丝绸之路”。

一、丝绸之路的历史

狭义的丝绸之路指“陆上丝绸之路”，而广义的丝绸之路还包括“海上丝绸之路”。

“陆上丝绸之路”形成于公元前2世纪与公元1世纪之间，这条路一直沿用至16世纪。汉武帝曾两次派张骞出使西域，迈出了通向西方的第一步。之后中国开辟了一条由长安通向大秦（古罗马）的商业通道。唐代的丝绸之路主要分三段：第一段是由长安或者洛阳到敦煌，第二段是由敦煌到撒马尔罕，第三段是由撒马尔罕到地中海。丝绸之路是中国与所有西方国家经济、政治、文化交流的统称。由于当时中国的丝绸最具代表性，因此这条道路被命名为“丝绸之路”。确切地讲，“丝绸之路”并不是中国人命名的，它是由德国一位地理学家李希·霍芬（F. von Richthofen）在1877年首次提出的，英文名字为（Silk Road）。从此历史上便有了“丝绸之路”这个名称，并且一直沿用至今。

另一条丝绸之路指的是“海上丝绸之路”，也就是古代中国与亚洲、非洲和欧洲的海上贸易通道。“海上丝绸之路”的起点是福建的泉州，另外几个重要的港口有广州、宁波等。“海上丝绸之路”形成于秦汉时期，发展于三国至隋朝时期，繁荣于唐宋时期，转变于明清时期。“海上丝绸之路”又被称为“陶瓷之路”或“香料之路”。宋朝时期由于科技和商业的发展，特别是指南针和水密封舱等航海技术的发明，使“海上丝绸之路”达到鼎盛时期。但是到了明朝，由于海禁，“海上丝绸之路”开始衰落。

“海上丝绸之路”主要有三条航线：

东洋航线是由中国沿海港口通向朝鲜、日本。

南洋航线是由中国沿海港口至东南亚诸国。

西洋航线是由中国港口至南亚、阿拉伯和东非沿海诸国。

二、丝绸之路的作用

丝绸之路在历史上不仅仅是一条商业贸易之路，它在促进东西方政治外交、经济贸易和文化交流方面也发挥了重要作用。

1. 政治外交作用

丝绸之路具有较强的政治外交作用。丝绸不仅是丝路最重要的奢侈消费品，更是中国历朝政府行之有效的政治外交工具。中国的使节曾经带着丝绸出使各国。各国元首及贵族也曾以身穿中国的丝绸、使用中国的瓷器为富有、荣耀和时尚的象征。公元 100 年，罗马帝国属下马其顿地区派使者到东汉首都洛阳，向汉和帝进献礼物。汉和帝厚待两位使者，赐给两国元首代表最高荣誉的紫绶金印，以示两国邦交的极大诚意，这是罗马帝国与中国通使最早的交往记载。公元 166 年，古罗马大秦安敦王朝派使者到洛阳，朝见汉桓帝，这是中西方文化交流的开始，罗马帝国与中国正式建立了外交关系。

同时，丝绸之路，这一中国古代的世界壮举，也是中西方政治外交的重要通道。张骞出使西域，加强了西域同中原的联系。西汉政府设置西域都护府，使西域与中原成为紧密联系的整体。丝绸之路成为中国和西方世界相互了解的最早窗口。

当今中国政府“一带一路”倡议，在经济融合、文化包容的基础上，不但顺应了中国对外开放区域结构转型的需要，而且也促进了中国与其他国家的合作。“一带一路”倡议使中国发展引擎所驱动的地缘经济潜力，形成了巨大的经济共荣带，为相关国家和地区所共享，把“中国梦”“亚洲梦”和“欧洲梦”连接在一起，同“一带一路”共建国家建立起了一个政治互信的利益共同体、命运共同体和责任共同体。

2. 经济贸易作用

陆上丝绸之路自古至今都具有较好的经济贸易作用。丝绸之路形成于西汉武帝时期的张骞出使西域。从此，东西方有计划地进行丝绸贸易。东汉时期，班超被任命为西域都护，加强了西域与中原的联系。魏晋南北朝时期，丝绸之路不断发展，促进了东西方之间的经济贸易、生产技术的交流。隋朝时期，南方大量的丝绸、瓷器、茶叶等商品源源不断地通过大运河运往洛阳或长安，并通过丝绸之路远销西方。贞观十四年（640 年）粟特人将葡萄酒的酿制技术引入中国，大批犹太人涌入中国，唐朝的首都长安成为世界上最繁华的国际大都市。

另一条“海上丝绸之路”主要是将中国的丝绸、瓷器、茶叶、糖、五金等货物通过水路运往南亚、东南亚和非洲国家，同时将西方的香料、药材和宝石等物品运送到中国。唐朝中后期，“陆上丝绸之路”因为战乱，加之中国的经济已经向南方转移，海路因其运量大、成本低、安全度高等广受欢迎，“海上丝绸之路”从而取代“陆上丝绸之路”，成为中外贸易的主要通道。宋元时期，海上丝绸之路崛起。元代首都元大都，西方人称汗八里（今北京）成为当时的东方国际贸易中心。这一地位在元代的许多史籍中都有记载。欧洲和中西亚商人主要向中国出售金银、珠宝、药物、香料、竹布等货物，而从中国购买绸缎、茶叶、瓷器、药材等货物。

21 世纪，中国政府提出了“一带一路”倡议。“一带”指“丝绸之路经济带”，从三个方向走：从中国出发，一是经中亚、俄罗斯到达欧洲；二是经中亚、西亚至波斯湾、地中海；三是中国到东南亚、南亚、印度洋。“一路”指建设“21 世纪海上丝绸之路”，其重点方向有两条：一是从中国的沿海港口过南海到印度洋，延伸至欧洲；二是从中国沿海港口过南海到太平洋。中国政府的“一带一路”倡议为中西方经济的共同发展架起了一座友谊的桥梁。

3. 文化交流作用

丝绸之路不仅是东西方政治往来、经济贸易必经之路，而且是中国和亚洲、欧洲各国之间文化交流的通道。唐代丝绸之路的畅通繁荣，也进一步促进了东西方思想文化交流，对以后相互的社会和民族意识形态的发展，产生了诸多积极、深远的影响。中国的四大发明——造纸术、火药、印刷术、指南针等通过丝绸之路传到了欧洲，促进了欧洲的航海、教育和文化的发展；同样，音乐、舞蹈、雕刻、绘画等艺术，佛教、伊斯兰教、阿拉伯的历法、医术、天文、医药等科技知识也通过丝绸之路相继传入中国，促进了中国佛教的兴盛和艺术与科技的发展，对后来中国文化的发展有较大影响。

丝绸之路把中国文化、印度文化、波斯文化、阿拉伯文化和古希腊罗马文化连接起来，促进了东西方文化的交流。2014 年 6 月 22 日，中、哈、吉三国联合申报的陆上丝绸之路的东段“丝绸之路：长安—天山廊道的路网”成功申报为世界文化遗产，成为丝绸之路文化交流的里程碑。

三、丝绸之路的意义

公元 2 世纪到公元 13、14 世纪前后，丝绸之路是连接古代文明发祥地中国、印度、两河流域、古希腊、古罗马的重要商业纽带。丝绸之路极大地丰富了沿途国家人们的物质生活；建立并加强了中国与西方国家的外交关系；促进了中国的科技发展和文化繁荣。

我们学习“文化差异与跨文化交际”这门课程，首先要了解中西方文化交流的历史，了解“丝绸之路”的历史、作用和意义，这样我们才能真正理解中西方文化差异的根源，做到不仅“知其然”，而且“知其所以然”，这将对我们今后从事跨文化交际、交流奠定一定的文化基础。

知识拓展

丝 绸 之 路

“丝绸之路”，简称“丝路”，一般指“陆上丝绸之路”，广义上讲又分为“陆上丝绸之路”和“海上丝绸之路”。

“陆上丝绸之路”起源于西汉（公元前 202 年—公元 8 年），汉武帝派张骞出使西域开辟的以首都长安（今西安）为起点，经甘肃、新疆，到中亚、西亚，并连接地中海各国的陆上通道。它的最初作用是运输中国古代出产的丝绸。1877 年，德国地理学家李希·霍芬在其著作《中国》一书中，把“从公元前 114 年至公元 127 年间，中国与中亚、中国与印度间以丝绸贸易为媒介的这条西域交通道路”命名为“丝绸之路”，这一名词很快被学术界和大众所接受，并正式运用。

“海上丝绸之路”是古代中国与外国进行贸易和文化交往的海上通道，该路主要以南海为中心，所以又称“南海丝绸之路”。“海上丝绸之路”形成于秦汉时期，发展于三国至隋朝时期，繁荣于唐宋时期，转变于明清时期，是已知的最为古老的海上航线。

第二节　东西方文化传播

视频文本

一、东方的文化使者

1. 张骞

提到东西方文化交流的历史，大家会想到一个很重要的人物——张骞。张骞是历史上最早的东方文化使者。张骞曾两次出使西域，为开拓丝绸之路立下了汗马功劳。因此，他被誉为“中国走向世界的第一人”。可以说，没有张骞就没有“丝绸之路”。

公元前 139 年，汉武帝首次派张骞出使西域，第一个使命就是派他找到大月氏（今天乌兹别克斯坦与哈萨克斯坦境内），以联合汉朝共同抵抗匈奴。但是，张骞并没有完成这一使命。大约在河西走廊张骞就被匈奴扣留，之后他娶了匈奴女子为妻。11 年之后他才得以逃脱。但他并没有回到长安，而是继续西行，找到了大月氏。等张骞到达大月氏的时候，大月氏已经不想再攻打匈奴了，他只好回长安复命。他回来时选择了另外一条道路。不巧再次被匈奴抓获，被拘禁了一年之久。后来趁匈奴内乱，张骞再次脱身回到长安。这次出使西域，张骞虽然没有达到预期的目的，但是他熟悉了西域的地理、物产、风土人情，他还带回了石榴、胡桃、胡麻、胡豆、胡瓜等种植技术，为汉朝开辟通向中亚的交通要道提供了宝贵的资料。

公元前 119 年，张骞第二次出使西域，他访问了西域各国，并与他们建立了友好关系。随着交往日趋频繁，西域各国纷纷归附汉朝。这一次出使西域张骞大获成功，受到了汉武帝的称赞，被封为太中大夫。

2. 鸠摩罗什

除了张骞，传播东西方文化的第二个重要人物是鸠摩罗什。他与玄奘、不空、真谛并称中国佛教四大译经家。与张骞相反，他是从西向东把印度的佛教哲学引入中国，并将大量佛经翻译成汉语，鸠摩罗什为佛教在中国的传播做出了很大的贡献。

3. 玄奘

东西方文化传播的第三个重要人物是玄奘。玄奘是唐代著名高僧，俗称唐僧。大家对唐僧的了解主要是从小说或电视剧《西游记》中获得的。《西游记》里除了唐僧，其他人物如孙悟空、猪八戒、沙僧都是虚构的。玄奘用了 5 年的时间游历了印度，他到过很多地方，了解了当地的风土人情。玄奘被世界人民誉为文化交流的杰出使者。

二、西方的文化使者

1. 马可 · 波罗

马可 · 波罗于 1254 年出生于意大利威尼斯一个商人家庭。他的父亲和叔叔都是威尼斯商人。马可 · 波罗 17 岁时跟随父亲和叔叔前往中国，历时约四年终于到达元朝的首都，并与忽必烈建立了友谊。他在中国游历了 17 年，曾访问过中国许多古城，到过西南部的云南和东南地区。马可 · 波罗回到威尼斯之后，他在一次威尼斯和热那亚之间的海战中被俘，在狱中他口述了自己在中国旅行的经历，后来由鲁斯蒂谦写出了《马可 · 波罗游记》一书。《马可 · 波罗游记》记述了马可 · 波罗在中国的所见所闻，这本游记后来在欧洲广为流传，激起了欧洲人对东方的热烈向往，对以后新航路的开辟产生了巨大的影响。《马可 · 波罗游记》第一次全面地向欧洲人介绍了发达的中国物质文明和精神文明，并将地大物博、文教昌明的中国形象展示在了世人面前。

2. 利玛窦

利玛窦是一位意大利籍的天主教神父，他是天主教在中国传教最早的开拓者之一，也是第一位阅读中国文学并对中国典籍进行钻研的西方学者。他通过“西方僧侣”的身份，“汉语著述”的方式传播天主教教义，并广交中国官员和社会名流，同时，他也向中国人传播西方的天文、数学、地理等科学知识。他不仅传播西方的几何学、地理学知识，以及宣传人文主义和天主教的观点，同时也向西方介绍中国文化。因此有人将他视为一位汉学家。

利玛窦不仅让西方人了解了中国，而且也让中国人开阔了视野。由于他的到来，中国人第一次看到了机械钟表，第一次看到了西方油画，第一次听到了西洋音乐，第一次知道地球是圆的。

三、东西方文化交流

1. 中国造纸术传入欧洲

大约在公元 750 年中国造纸术传入撒马尔罕，后经埃及开罗、摩洛哥传到了西班牙，之后又传到了法国和德国。造纸术的西传，使纸张取代了羊皮纸和纸草，成为制作书籍的材料，这大大降低了书籍的成本，使教育在欧洲更加普及，从而带动了西方文化的发展。

公元 3 到 13 世纪，当时欧洲各国普遍使用羊皮纸书写文件，因为羊皮纸不仅耐用，而且可以将羊皮纸上的笔迹擦拭掉重新使用，这种被书写过，再经过擦拭后重新使用的手稿叫作重写本。从 14 世纪起，羊皮纸逐渐被中国的纸张所取代，但仍有些国家使用羊皮纸书写重要的法律文件，以示庄重。

希腊著名数学家、物理学家阿基米德的《方法论》手稿重写本在1998年的一个艺术拍卖会上被高价拍卖,后被捐赠到了美国巴尔的摩的艺术博物馆进行保护和研究。

2006年8月7日,美国斯坦福大学线性加速器中心的研究人员成功使用X光射线对阿基米德的这部手稿进行译解,终于重现其原稿的内容。

2. 印度佛教传入中国

佛教传入中国后对中国文化产生了重大影响。武则天统治时期佛教达到了极盛。我们从中国的建筑风格中可以看出佛教文化在中国的影响力。

中国第一座佛教寺庙——洛阳白马寺。

中国著名的佛塔——西安的大雁塔,里面藏有大量的佛经和舍利子。

3. 中国四大石窟与佛像雕塑

中国的石窟文化和建筑文化中大量体现了佛教文化。其中著名的四大石窟有:敦煌莫高窟(位于甘肃敦煌)、大同云冈石窟(位于山西大同)、洛阳龙门石窟(位于河南洛阳)和天水麦积山石窟(位于甘肃天水)。

东西方文化早期的传播者主要是官吏使者、商人、僧侣、传教士、旅行家等。张骞、马可·波罗和利玛窦只是其中的几个代表人物。他们通过丝绸之路将东方的科技、文化介绍到西方,同时又将西方的科学技术、文化知识、艺术等引入中国,促进了东西方科技、贸易和文化的发展与繁荣,以及不同民族之间的融合。他们为传播中西方文化做出了巨大的贡献。

第三节　东西方文化交流

视频文本

历史上,中国非常重视与亚、非、欧国家之间的经济与文化交流,曾开辟了连接欧亚大陆的两条主要贸易通道:陆上丝绸之路与海上丝绸之路,不仅与欧洲建立了外交、经济、贸易往来,而且还将印度的佛教以及中国的建筑、服饰、字画、茶叶等物质和精神文化传入日本和东南亚各国。其中贡献最大的两个历史人物,一个是唐朝六次东渡日本的高僧鉴真大师,另一个是明朝七次下西洋的航海家和外交家郑和。

一、鉴真东渡

鉴真(688—763年),扬州人,是唐朝时期著名高僧。他26岁时已收门徒4万人,弟子遍布江南，其中不少弟子后来成为高僧，江淮人称他为“授大师”。

唐朝时期我国不仅经济繁荣，各方面领先世界，而且非常开放，每年吸引许多来自世界各国的留学生来中国留学。当时的日本政府经常派遣使者来中国学习，他们学成回国后便成为传播中国优秀文化的主力军，并积极推动日本社会文化的发展，当时的日本文化深受中国文化的影响。

鉴真为了弘扬佛法，虽已是55岁的年龄，还是欣然接受了两位日本僧人的邀请，准备于公元742年冬天，带着21名弟子和4名日本人一起东渡日本，但是，由于种种原因，前五次都未成行。公元750年，鉴真不幸双目失明，但是他并没有放弃东渡日本的念想。公元753年，鉴真一行终于成功抵达日本，并受到日本举国上下的热烈欢迎。日本天皇封鉴真为“大僧都”。

鉴真与其弟子在日本不仅传播佛法，他们还将中华建筑、医药、雕刻、绘画等技术传授给日本人。日本医道曾把鉴真奉为医药始祖，他们将鉴真的图像贴在药袋上。鉴真在日本生活了10年，公元763年在当时的日本首都奈良唐招提寺安详圆寂。

著名诗人郭沫若曾写诗称赞道：“鉴真盲目航东海，一片精诚照太清。舍己为人传道艺，唐风洋溢奈良城。”这首诗是对鉴真大师为中日文化交流所做贡献给予的高度评价。

鉴真东渡使佛教在日本以及东南亚地区得以广泛流传，对日本的宗教和文化事业的发展产生了积极而深远的影响，为促进中日两国之间的文化交流做出了重大贡献。鉴真是中日文化交流史上一位杰出的文化使者。

二、郑和下西洋

明朝朱棣登基成为明成祖，为了恢复和发展中国同西洋各国的友好关系与贸易往来，树立和扩大明朝在海外的威望与影响，明成祖派郑和率领一只满载着丝绸、瓷器和2.7万人的舰队远赴西洋，目的是向所到国家的国王递交国书，呈献厚礼，建立友好邦交关系。

郑和先后七次下西洋，曾到达过亚非许多国家，如现在的越南、印度尼西亚、斯里兰卡、马尔代夫、北印度洋沿岸各国、阿拉伯半岛以及非洲的索马里、肯尼亚等国家，所到之处均受到热情接待。随后，十多个国家派使节随同郑和一起来到中国访问。郑和下西洋加强了中国与亚洲和非洲一些国家的外交，加深了友谊，使明朝的对外关系达到了一个高潮。

郑和下西洋的主要成就包括：

1. 建立和平外交

据《明史 · 郑和传》记载，郑和奉命七次出使西洋，他的足迹遍及今天的东南亚、印度洋沿岸和非洲东岸的36个国家和地区，所到之处与当地建立了友好关系，为明朝的政治、经济发展创造了良好的国际环境。

2. 发展国际贸易

郑和七次下西洋是世界航海史上空前的壮举，不仅加强了海上丝绸之路，扩大了中国与西洋沿岸国家之间的贸易往来，而且展示了中国雄厚的经济实力和强大的国力，同时也促进了当地经济贸易的繁荣和彼此之间的经济文化交流，扩大了明朝对外的影响力。

3. 开拓新的航线

郑和下西洋揭开了世界大航海时代的序幕，不仅为欧洲人的地理大发现奠定了基础，而且对后世的海洋事业产生了重大影响。同时也促进了世界各国之间的往来，逐渐打破了全球东西方之间、各大洲不同地区之间相对封闭隔绝的状态。郑和为促进亚、非各国之间的外交、经贸与文化交流做出了巨大贡献。

郑和下西洋体现了中华民族热爱和平、睦邻友好、自强不息的优良传统。历史上无论是鉴真六次东渡日本，还是郑和七次下西洋，都证明中国的强盛并不会给其他国家带来威胁，恰恰相反，中国的强大会给周边国家带来更多经济、贸易与文化交流的机会，更好地促进不同国家之间的文明互鉴，实现和平共处，共同繁荣。

第四节　中国历史上的翻译浪潮

在中西方文明交流、互鉴的历史长河中，除了官吏、使者、商人、僧侣、游客等人曾经做出过积极贡献之外，还有一个不容忽视的群体，他们就是中外译者。

你知道中国历史上曾经出现过几次翻译浪潮吗？你能说出不同时期出现过的著名翻译家以及他们的代表译著吗？下面我们一起来回顾一下中国历史上出现过的四次翻译浪潮。

一、第一次翻译浪潮（佛经翻译）

我国自汉唐时期便通过“丝绸之路”与亚、非、欧多国建立了外交、经贸、文化等联系。唐朝曾是我国历史上的一个盛世，当时的中国是一个非常开放的国家，对外交往频繁，首都长安曾是一个国际大都市。唐朝时期出现了我国第一次翻译浪潮，主要是对佛经的翻译。

唐代高僧玄奘去印度学佛求经，17 年后学成归国，带回了 657 部佛经。玄奘不仅组织人员将佛经从梵文翻译成汉文，而且还把部分老子的著作译成梵文，成为第一个把汉文著作介绍到国外的中国人。玄奘、鸠摩罗什、不空和真谛四人被称为历史上四大译经家，他们为佛教在中国的传播和发展做出了重大贡献。

二、第二次翻译浪潮（科技翻译）

中国历史上第二次翻译浪潮出现在明末清初，当时主要是科技翻译。明朝万历年间有一位来自意大利耶稣会的传教士、汉学家，名叫利玛窦，他不仅将西方的天文、历法、自然科学、哲学、艺术等学科知识传入中国，还将中国的传统文化《四书》等典籍翻译成拉丁文并介绍到西方。这一时期的科技翻译著作涉及几何、测量、算术、农业、水利、机械以及哲学等内容。利玛窦与中国科学家徐光启合作翻译了著名的《几何原本》和《测量法义》等书，他们为中西方科技文化交流做出了巨大贡献。

三、第三次翻译浪潮（西学翻译）

第三次翻译浪潮出现在鸦片战争至“五四运动”时期，这一时期的主要译著是介绍西方启蒙思想和文学的著作，代表性翻译家有严复、林纾、梁实秋等人。

严复是中国近代翻译史上学贯中西的翻译家，他早年在英国留学，接触了大量西方先进启蒙思想，并系统地将西方的社会学、政治学、政治经济学、哲学和自然科学介绍到中国。严复的代表译著涉猎广泛，主要有《天演论》（哲学）、《原富》（经济）、《法意》（法律）等，其中最具影响力的一部是赫胥黎所著的《天演论》。我们大家熟悉的成语，像“物竞天择”“优胜劣败”“适者生存”等词语都是出自这部译著。

严复在翻译实践中吸收了中国古代佛经翻译思想的精髓，并结合自己的翻译实践经验，提出了“信、达、雅”的翻译原则和标准。

“信”（faithfulness）是指忠实准确地传达原文的内容；

“达”（expressiveness）是指译文通顺流畅；

“雅”（elegance）是指译文有文采，用字典雅。

严复的“信、达、雅”翻译理论对我国翻译研究和实践产生了深远影响。

“五四运动”时期中国出现了一大批关于马克思主义经典著作的译著与世界文学名著，如《共产党宣言》（陈望道译），马克思的《政治经济学批判》（李达译），《莎士比亚剧本》（梁实秋译），《死魂灵》《毁灭》（鲁迅译）。这一时期也出现了一批著名的文学家兼翻译家，如鲁迅、瞿秋白、茅盾、郭沫若等。

与前两次翻译浪潮不同，“五四运动”时期译著的典型特征是以白话文代替了文言文，因此，译著更易于传播和理解，从而增进了中国对西方启蒙思想与文化的理解。

视频文本

四、第四次翻译浪潮（世界名著译入与中国典籍外译）

第四次翻译浪潮出现在中华人民共和国成立初期至今天，这一时期的翻译任务主要是世界名著译入和中国典籍外译。

1. 世界名著译入

自中华人民共和国成立以来，中国涌现出了一大批优秀的文学家、翻译家，如茅盾、郭沫若、傅雷、钱锺书、杨绛、许渊冲、王佐良、杨宪益、季羡林、朱生豪等，他们将英国、法国、德国、美国、俄国（苏联）等国的经典文学名著翻译成中文并介绍到中国，不仅让广大中国读者通过阅读世界文学著作了解世界，受到文学的熏陶，而且还通过电影或电视剧培养了大批年轻人的人文情怀，提高了他们的文学批判能力与艺术鉴赏能力。下面介绍一些大家熟悉的来自不同国家的著名作家极其代表作品。

1)英国作家及其代表作品

主要有拜伦的《抒情诗》《唐璜》,雪莱的《抒情诗》,狄更斯的《雾都孤儿》《大卫·科波菲尔》《艰难时世》《远大前程》,萨克雷的《名利场》,夏洛特·勃朗特的《简·爱》,艾米莉·勃朗特的《呼啸山庄》,哈代的《德伯家的苔丝》。

2)法国作家及其代表作品

主要有巴尔扎克的《人间喜剧》《欧也妮·葛朗台》《高老头》,雨果的《悲惨世界》《巴黎圣母院》,莫泊桑的《羊脂球》《项链》,福楼拜的《包法利夫人》,司汤达的《红与黑》,大仲马的《基督山伯爵》《三个火枪手》,小仲马的《茶花女》等。

3)美国作家极其代表作品

主要有海明威的《老人与海》,斯托夫人的《汤姆叔叔的小屋》,惠特曼的《草叶集》,艾略特的经典长诗《荒原》,玛格丽特·米切尔的《飘》,马克·吐温的《汤姆索亚历险记》《哈克贝利芬历险记》。

4)俄国(苏联)作家极其代表作品

主要有列夫·托尔斯泰的《战争与和平》《安娜·卡列尼娜》《复活》,高尔基的自传体小说三部曲:《童年》《在人间》和《我的大学》,果戈理的《钦差大臣》,尼古拉·奥斯特洛夫斯基的《钢铁是怎样炼成的》等。

5)其他西方国家的作家极其代表作品

主要有德国作家歌德的《少年维特之烦恼》《浮士德》,意大利作家蒲伽丘的《十日谈》,西班牙作家塞万提斯的《唐·吉诃德》,丹麦作家安徒生的《童话集》,挪威作家易卜生的《玩偶之家》。

2. 中国典籍外译

其实早期的中国四大名著《水浒传》《三国演义》《西游记》《红楼梦》以及一些典籍著作的译著,并非由中国人翻译,而是由外国汉学家翻译并介绍到海外的。

1)《水浒传》

《水浒传》的第一个英文全译本是由赛珍珠翻译的。赛珍珠虽然出生于美国,但是,她曾在中国生活了40年,可以说她是一个地道的中国通。她将《水浒传》翻译成 All Men are Brothers - Blood of the Leopard 直译是《四海之内皆兄弟——猎豹的血》。

2)《三国演义》

《三国演义》现存最早的外文译著是由日本京都天龙寺僧人义辙、月堂兄弟以湖南文山的笔名用文言体日文于1689年至1692年翻译完成的,译著名为《通俗三国志》。出版后,先是在日本上层社会传阅,随后很快在民间流传开来,该书至今仍是日本人最爱读的一本书。

继日文版本之后,有许多译者又将其翻译成了十多种不同的译本。《三国演义》不仅在日本受到读者的欢迎,在韩国以及东南亚很多国家也产生了很大影响。

3)《西游记》

最早的《西游记》译著是由著名英国传教士李提摩太于1913年翻译完成的,名为 A Mission To

Heaven：A Great Chinese Epic and Allegory《出使天国：一部伟大的中国史诗和寓言》，由上海基督教文学会出版。1930 年，名为 The Buddhist Pilgrim's Progress《佛教徒的天路历程》的译本在伦敦和纽约出版，译者为海伦·海耶斯。最早引起西方人广泛关注的《西游记》，是由英国学者、汉学家、翻译家阿瑟·戴维·韦利翻译的版本。韦利将《西游记》翻译成 Monkey：Folk Novel of China，在西方引起广泛关注。

4)《红楼梦》

戴维·霍克思是英国汉学家、红学家和翻译家，他将《红楼梦》翻译为 The Story of the Stone《石头记》，这是英语世界第一个《红楼梦》全译本，在西方，《石头记》的知名度远高于现在的译本——The Dream of the Red Chamber《红楼梦》。此外，霍克思还翻译了《楚辞》等中国经典著作。

知识拓展

近现代国外知名汉学翻译家

美国汉学家、翻译家——费正清

费正清(John King Fairbank，1907—1991)是哈佛大学终身教授，著名历史学家，美国最负盛名的中国问题观察家。他是国际汉学泰斗，有“头号中国通”“中国学研究的奠基人”之称。费正清对中国文化的内核、中国历史的发展与演化、中国传统等都有极其深入的研究。费正清提出的“冲击—反应论”对西方文化冲击下中国近代史的发展做出剖析。他的成名代表作《美国与中国》和集大成之作《剑桥中国史》，奠定了他在美国现代中国学研究上的鳌头地位。他的研究、著作和主要观点代表了美国主流社会的看法，影响了几代美国汉学家。

英国科学家、翻译家——李约瑟

李约瑟(Dr. Joseph Needham，1900—1995)出生于英国伦敦，是英国皇家科学院院士、英国文学院院士、英中友谊协会会长、剑桥大学李约瑟研究所名誉所长。他长期致力于中国科技史研究，撰著《中国科学技术史》，并为中国培养了一批优秀科技史学家。1994 年，他被选为中科院首批外籍院士。

李约瑟所著的《中国的科学与文明》(即《中国科学技术史》)对现代中西文化交流影响深远，被认为是二十世纪重大学术成果之一。李约瑟第一次以令人信服的史料和证据，全面而又系统地阐明了中国科学技术的发展历史，展示了中国在古代和中世纪科技方面的成就及其对世界文明所做的贡献。李约瑟认为丝绸之路上传播的不只是丝绸、陶瓷、茶叶等物品，还有科学技术。他除了列举了众所周知的火药、指南针、造纸术与印刷术的四大发明外，还列举了被中国人所忽略的水车、石碾、水力冶金鼓风机、活塞风箱、缫丝机、独轮车等。而同一时期由西向东传播的重要技术，李约瑟只提到了四项：螺丝钉、液体压力唧筒、曲轴和发条装置。李约瑟在中国科学技术史研究上的巨大成就享誉国际学术界。

资源共享

一、精彩图片

陆上丝绸之路

鉴真东渡日本

郑和下西洋的舰队

《几何原本》（利玛窦、徐光启译）

《共产党宣言》（陈望道译）

二、图书推荐

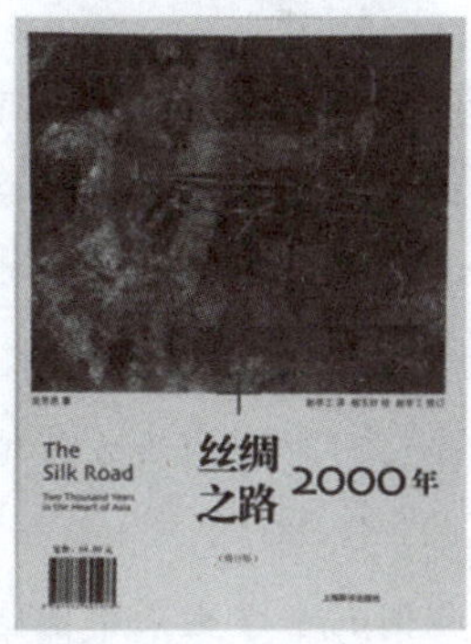

[1] 韩森.丝绸之路新史[M].张湛,译.北京:北京联合出版公司,2015.

[2] 吴芳思.丝绸之路2000年[M].赵学工,译.济南:山东画报出版社,2008.

[3] 弗兰科潘.丝绸之路:一部全新的世界史[M].邵旭东,孙芳,译.杭州:浙江大学出版社,2016.

[4] 米华健.牛津通识读本:丝绸之路[M].马睿,译.南京:译林出版社,2017.

[5] 荣新江.丝绸之路上的中华文明[M].北京:商务印书馆,2022.

[6]林梅村.观沧海:大航海时代诸文明的冲突与交流[M].上海:上海古籍出版社,2018.

三、视频推荐

(1)纪录片《新丝绸之路》。

(2)电视剧《汉武大帝》。

(3)电视剧《西游记》。

(4)电影《大唐玄奘》。

(5)中央电视台纪录片《穿越海上丝绸之路》

(6) 中宣部纪录片《远方未远——一带一路上的华侨华人》

本章测试

一、判断题

请判断下列句子是对还是错。

1. 张骞第一次出使西域虽然没有达到目的,但是却带回了大量西域的种植技术,为汉朝开辟通往中亚的交通要道提供了宝贵的资料。(　　)

　A. 对　　　　B. 错

2. 鸠摩罗什、玄奘、不空和真谛被称为中国四大译经家。他们将大量佛经译成汉语,为佛教在中国的传播做出了很大的贡献。(　　)

　A. 对　　　　B. 错

3. 玄奘被世界人民誉为中外文化交流的杰出使者，是因为玄奘从西天取经回来后亲自撰写了著名的《大唐西域记》。（　　）

A. 对　　B. 错

4. 马可·波罗的仆人著的《马可·波罗游记》记述了他在东方最富有的国家——中国的所见所闻，激起了欧洲人对东方的热烈向往。后来这本书在欧洲非常畅销。（　　）

A. 对　　B. 错

5. 利玛窦是一位天主教神父，也是一位西方的学者和汉学家。他不仅在中国宣传西方的几何学、地理学知识，以及人文主义和天主教的观点，同时还向西方介绍中国文化。（　　）

A. 对　　B. 错

6. 唐朝时期我国经济繁荣，吸引许多来自世界各国的留学生来中国留学。（　　）

A. 对　　B. 错

7. 郑和先后六次下西洋，曾到达过亚非许多国家，如越南、印度尼西亚、北印度洋沿岸各国、阿拉伯半岛以及非洲的索马里、肯尼亚等。（　　）

A. 对　　B. 错

8. 玄奘把部分老子的著作译成梵文，成为历史上第一位把汉文著作介绍到国外的中国人。（　　）

A. 对　　B. 错

9. 第三次翻译浪潮出现在中国鸦片战争至“五四运动”时期。（　　）

A. 对　　B. 错

10. 严复的代表译著中最具影响力的一部是达尔文所著的《天演论》。（　　）

A. 对　　B. 错

二、选择题（单选或多选）

请在下列 A、B、C、D 选项中选择一个或多个正确答案。

1. 汉武帝时期，（　　）为开拓“丝绸之路”立下了汗马功劳，被誉为“中国走向世界第一人”。

A. 卫青　　B. 霍去病　　C. 张骞　　D. 司马迁

2. 中西方文化交流的历史源远流长，历史上有一条连接东西方文明古国的通道被称之为“丝绸之路”。“丝绸之路”的得名是由（　　）提出的。

A. 张骞　　B. 汉和帝　　C. 汉武帝　　D. 李希·霍芬

3. 广义上的“丝绸之路”除了包括“陆上丝绸之路”外，还包括“海上丝绸之路”。“海上丝绸之路”由（　　）组成。

A. 东洋航线　　B. 西洋航线　　C. 南洋航线　　D. 北洋航线

4. “丝绸之路”曾作为连接中西方的重要通道发挥着重要作用。其发挥的作用主要是指（　　）。

A. 贸易作用　　B. 军事作用　　C. 外交作用　　D. 文化交流作用

5. 佛教传入中国后对中国文化的影响巨大。中国历史上就曾修建过许多反映佛教文化的石窟，其中敦煌莫高窟与(　　)并称为中国四大石窟。

A. 固原须弥山石窟　　B. 天水麦积山石窟

C. 洛阳龙门石窟　　D. 大同云冈石窟

6. 六次东渡日本的高僧鉴真是我国哪个朝代的人？(　　)

A. 唐　　B. 宋　　C. 元　　D. 明

7. 郑和的主要成就包括(　　)

A. 建立和平外交　　B. 发展国际贸易

C. 开拓新的航线　　D. 开拓大明疆土

8. 利玛窦将哪些中国传统文化典籍翻译成拉丁文并介绍到西方？(　　)

A.《四书》　　B.《五经》　　C.《道德经》　　D.《南华经》

9. "物竞天择""优胜劣败""适者生存"等词语出自哪部译著？(　　)

A.《社会通诠》　　B.《法意》　　C.《天演论》　　D.《物种起源》

10. 第一个《红楼梦》英文全译本是由谁翻译的？(　　)

A. 李提摩太　　B. 阿瑟·戴维·韦利　　C. 赛珍珠　　D. 戴维·霍克

三、思考题

1. "丝绸之路"在历史上发挥的主要作用及其意义是什么？

2. 历史上东西方文化主要传播者是谁？他们曾经做出过什么贡献？

3. 中国古代开辟的陆上"丝绸之路"与海上"丝绸之路"的重要历史意义是什么？

4. 如何理解"翻译是开展文明互鉴讲好中国故事的关键环节"？

第二章 中西方文化差异

第一节 文化符号

视频文本

一个人具有什么样的文化不是由其个人基因决定的，而是由他的成长环境决定的。同样，一个民族的文化是通过代代相传继承下来的。每个国家、每个民族、每个人都有其独特的文化象征符号。我们在与不同文化背景的人打交道的时候，即在跨文化交际时，如何判断一个人的文化背景，通常可以根据以下文化符号来判断。

一、文化符号概要

1. 文化符号范畴

建筑、服饰、饮食、动物、花卉、音乐、习俗、体育、文学、艺术、语言、国旗、宗教、货币、社会制度以及价值观这些都属于文化符号范畴。

不同民族、不同国家的文化在不同历史时期形成了自己特有的文化符号，经过代代传承保留了下来，因此，我们可以通过上述文化符号来判断一个人、一个民族或者一个国家的文化背景。

2. 符号中国

2014 年马年春节晚会上有一个舞蹈叫《符号中国》，你能说出匈牙利舞蹈演员用他们的形体塑造了哪些中国符号吗？

从舞蹈演员塑造的文化符号中我们看到的有：黄山迎客松、桂林象鼻山、大熊猫、万里长城、兵马俑、古代战车、北京天坛、天安门石狮、神舟火箭、汉字春以及马年 2014，这些都是中国特有的文化符号。

另一个展现中国符号的电视节目是 2008 年北京奥运会开幕式，总导演张艺谋在开幕式上将中国符号展现给了世人，其中在开幕式上演员用舞蹈表现出的中国符号有：四大发明、书画、汉字、茶、瓷器、太极、建筑、丝绸之路等。

所以，我们对一个人、一个民族或者一个国家的感性认识，就是从他们的建筑、服饰、饮食、音乐、艺术等文化符号开始的。

从奥运会开幕式的节目编排上可以看出，张艺谋导演对中国文化是相当了解的，所以，他才会将代表中国符号的元素融入他的创意之中。北京奥运会开幕式让全世界更多人了解了中国文化，喜欢上了中国文化。

二、中西方文化符号

1. 中国文化符号

中国文化有其独特的文化符号，提到中国文化符号，大家马上会联想到下面这些文化符号：

孔子、四大发明、书画、汉字、文房四宝、丝绸、中医、茶、瓷器、京剧、武术、杂技、大熊猫、龙、春节、舞龙、舞狮、长城、丝绸之路、旗袍、刺绣、中餐、易经、皮影戏、中国民族乐器。

在上述众多的中国文化符号中，最具有典型性的文化符号有：

中国的图腾——龙；

中国的丝绸——丝绸之路；

中国的长城——世界八大奇迹之一；

中国的大熊猫——外交使者；

中国的功夫——武术；

中国的国粹——京剧。

2. 西方的文化符号

提起西方的文化符号，大家会联想到下面的文化符号：基督教、天主教、教堂、《圣经》、神父、蒸汽机、油画、雕塑、芭蕾、歌剧、音乐剧、古典音乐、钢琴、吉他、爵士、摇滚、电影、魔术、拉丁语、圣诞节、圣诞老人、西医、决斗、骑士、燕尾服、牛仔、西餐、咖啡、红酒、威士忌、鸡尾酒、啤酒、快餐等。

在西方文化符号中，最典型的符号有《圣经》、油画、雕塑、芭蕾、古典音乐、圣诞老人、红酒。

下面我们来谈谈不同国家的文化符号。

印度：印度教、印度歌舞、瑜伽、手抓饭。

韩国：韩剧、泡菜、烧烤。

法国：红酒、香水、法国大餐、时装、埃菲尔铁塔、凯旋门、卢浮宫。

德国：汽车制造、啤酒、慕尼黑啤酒节。

意大利：比萨斜塔、威尼斯水城、罗马斗兽场、比萨、意大利面。

西班牙：斗牛、舞蹈。

巴西：足球、咖啡。

美国：自由女神像、芭比娃娃、美国哥特式、野牛镍币和山姆大叔。

知识链接

美国的文化符号

自由女神雕塑并不是美国人建造的，而是法国在1876年赠送给美国独立100周年的礼物。现在成为美国的一个象征符号。

芭比娃娃是美国一对玩具商夫妇制造的一款女孩子特别喜欢的玩具，并且以他们女儿的名字芭芭拉命名，后来成为风靡全球的玩具。

《美国哥特式》是一幅描绘一对表情严肃的美国夫妇站在自家哥特式房前的画，这幅画让作者一夜成名，成为美国的象征之一。

野牛镍币是由美国著名艺术家詹姆斯·厄尔弗雷泽设计的一种面值为5美分的硬币，是艺术家对美国西部开发的牺牲品野牛和印第安人的纪念。

山姆大叔是美国的一个绰号，也是美国的一个象征。

东西方文化符号差异反映出不同国家、不同民族在历史文化、宗教信仰、哲学思想、风俗习惯、生活方式以及艺术欣赏等诸多方面存在着差异。了解这些差异将有助于我们在跨文化交际时能够迅速、准确地识别出一个人、一个民族或者一个国家的文化背景，从而扫清跨文化交际中的交际障碍。

第二节　建筑文化差异

视频文本

由于中西方文化存在很大差异，所以中西方建筑在建筑风格、建筑材料和建筑装饰方面都存在着很大差异。

一、中国建筑文化

中国是一个地大物博的国家，我们有着广阔的疆域，也有着众多的民族，由于受地质条件、气候条件、地域文化条件以及居民的生活方式和生活习惯差异的影响，中国的建筑风格存在着很大的差异。

1. 八大建筑流派

八大建筑流派是北京四合院、江南民居、岭南风格、徽派建筑、海派建筑、川西民居、川西邛笼建筑和书院建筑。

2. 代表性建筑

代表性建筑有四合院、园林、牌楼、楼阁、书院。

提起四合院，人们会想到北京的胡同、北京的故宫，还会想到红砖、绿瓦、飞檐斗拱。北京四合院之所以有名是因为它独特的建筑结构，它在中国北方的建筑中具有典型性和代表性。

园林建筑会使人想到苏州园林，会使人想到小桥、流水、人家和曲径通幽的意境。

牌楼建筑是中国具有代表性的建筑之一，它是由文化所兴起的。牌楼建筑主要建造于宫苑、寺庙、陵墓、官署以及街道路口等。无论你身在美国，还是在加拿大或者在世界上任何一个有华人的地方，当你看到牌楼建筑的时候，你便知道那里一定是唐人街。我们国家有两所大学的学校大门就是用这种建筑风格建造的：一所是武汉大学，一所是中山大学。

中国建筑史上有许多楼阁建筑，中国古代著名的四大楼阁是：岳阳楼（位于湖南岳阳）、黄鹤楼（位于湖北武汉）、滕王阁（位于江西南昌）以及蓬莱阁（位于山东蓬莱）。

书院作为儒学士大夫创建并主持的教育机构是儒家文化的标志和人文精神的象征。

中国历史上有四大著名的书院，分别是：应天书院（河南商丘）、嵩阳书院（河南登封）、岳麓书院（湖南长沙）以及白鹿洞书院（江西九江）。

3. 古典建筑风格

中国古典建筑风格可以用 12 个字来概括：亭台楼阁、飞檐斗拱、雕梁画柱。

中国古典建筑主要以木材为主，屋檐采用翘屋檐，上面有兽雕，这种建筑风格被称为“钩心斗角”。雕梁画柱通常指房梁上或者是柱子上雕刻的花纹图案，中国古典建筑是建筑与艺术的完美结合。

二、西方建筑文化

当一个人到西方国家的时候，映入眼帘的首先是那里的建筑，人们顿时会有一种身处异国他乡的感觉。纵观西方的建筑风格，我们会发现西方的建筑风格与西方的宗教有很大关系，因为许多西方的公共建筑是教堂建筑。

西方的建筑主要分为以下四种风格：罗马式建筑、哥特式建筑、巴洛克式建筑、洛可可式建筑。

1. 罗马式建筑

罗马式建筑是 10～12 世纪欧洲基督教流行地区的一种建筑风格，是欧式基督教教堂的主要建筑形式之一。这种建筑的一个特点是穹窿型圆顶建筑。

下面这几幅图就是罗马式建筑风格。图 2-1 是梵蒂冈圣保罗大教堂，图 2-2 是伦敦圣保罗大教堂。这两个建筑风格是极其相似的。图 2-3 是意大利罗马式建筑群，它的旁边是比萨斜塔。英国前首相撒切尔夫人的葬礼就是在伦敦圣保罗大教堂举行的。

图 2-1　梵蒂冈圣保罗大教堂

图 2-2　伦敦圣保罗大教堂

图 2-3　意大利罗马式建筑群

在西方国家，教堂是一个非常重要的地方，因为教堂是西方人举行盛大活动的地方，例如，西方人的婚礼、葬礼以及重大的庆典活动都是在教堂举行的。

2. 哥特式建筑

哥特式建筑是 11 世纪下半叶起源于法国，13～15 世纪流行于欧洲的一种建筑风格。最负圣名的哥特式建筑有巴黎圣母院大教堂、意大利米兰大教堂、德国科隆大教堂和英国威斯敏斯特大教堂。

哥特式建筑的特点是尖尖顶。图 2-4 所示为英国著名的威斯敏斯特教堂，是英国皇家举行盛大庆典活动的地方。威廉王子的婚礼以及伊丽莎白女王登基 60 周年庆典活动都是在这里举行的。

图 2-4 哥特式建筑风格(威斯敏斯特教堂)

3. 巴洛克式建筑

巴洛克式建筑是 17 ~ 18 世纪在意大利文艺复兴建筑基础上发展起来的一种建筑和装饰风格，如图 2-5 所示。巴洛克式建筑的特征主要表现为以下几个方面：

(1)外形自由和追求动态。巴洛克建筑打破了传统建筑的规则和对称，常展现自由的外形和动态感。通过使用穿插的曲面和椭圆形空间，以及装饰元素的起伏和变化，增添了活力和趣味性。

(2)富丽的装饰和强烈的色彩。巴洛克建筑喜欢使用华丽装饰和强烈色彩。这些装饰和色彩不仅强调了建筑的豪华和宏大，还通过大胆的对比色彩(如明暗和冷暖对比)增强了视觉效果。

(3)打破建筑、雕刻和绘画的界限。巴洛克建筑有意打破传统建筑、雕刻和绘画的界限，使它们互相渗透和融合。这种融合为巴洛克建筑带来了丰富的艺术效果和高度的审美价值。

(4)趋向自然和表达世俗情趣。巴洛克建筑趋向于自然，追求自由奔放的格调，表达世俗情趣，常带有欢乐和兴致勃勃的气氛。

(5)复杂的建筑元素。巴洛克建筑常使用复杂的建筑元素，如波浪起伏的墙壁和椭圆形的空间，增加了建筑的多样性和趣味性。

(6)注重光影效果。巴洛克建筑注重光影的变化和交错，通过精心设计的窗户和内部装饰来营造独特的光影效果，增强建筑的神秘感和神圣感。

图 2-5 巴洛克式建筑风格

这种建筑庄严宏大，无论是其内饰，还是其外部装饰都显得非常奢华、大气。庄严宏大是指其大部分的建筑是一种广场建筑、公共建筑。独具匠心是指其将艺术和建筑有机地结合起来。回归自然是指它在建筑的过程中采用了大量的园林艺术，并且建造了大量的别墅。

从图 2-6 中可以看到巴洛克式建筑的内饰装修是金碧辉煌、奢华大气的。它的外部是广场和园林建筑，视野非常开阔。

图 2-6　巴洛克式内饰

4. 洛可可式建筑

洛可可式建筑是 18 世纪 20 年代产生于法国并流行于欧洲的一种建筑风格，如图 2-7 所示。

洛可可式建筑的特征是华丽精巧、细腻柔媚、纤弱温柔、纷繁琐细。

如果说巴洛克式建筑是一种男人的粗犷、豪气的话，那么洛可可式建筑就可以比喻成女人的细腻、柔媚和温柔。

图 2-7　洛可可式建筑

中西方建筑从古代发展到现代，积淀了人类悠久的文化历史。中西方建筑风格的差异也反映出中西方文化存在很大差异。

第三节　饮食文化差异

视频文本

扫码看视频

一、中国的饮食文化

在世界上许多国家一提起中国美食,人们就会联想到饺子和烤鸭。其实,中国的美食远不止这些,中国有一部非常受欢迎的纪录片名叫《舌尖上的中国》,为世人介绍了众多中国传统美食以及它们的烹饪手法。

1. 中国的八大菜系

中国有34个省级行政区,不同地区都有自己独特的菜系,其中最有名的为八大菜系,分别以其所在的省份简称命名,主要有鲁菜、粤菜、川菜、闽菜、苏菜、浙菜、湘菜和徽菜。

中国的美食讲究色、形、味俱全。

2. 中国的烹饪手法

中国的烹饪手法也是非常丰富的,主要有煎、炸、烧、烤、焖、炖、煮、涮、烩等。

3. 中国的代表性食品

在海外能够代表中国美食的主要有饺子、北京烤鸭和火锅等。中国餐馆已经遍布全球,中国美食受到众多外国人的喜爱。

4. 中餐用餐礼仪

中国人很讲究餐桌席位的座次安排,主位的安排一般是根据宴请的对象而定的。主位一般面对大门,主位前面摆放的口布造型不同于其他座位前面的造型,很独特;主位的椅子一般称为龙椅。因此,就餐的客人很容易辨别出哪个是主人或者领导坐的席位。

如果是家宴,主位一般由家中最年长的长辈,如爷爷、奶奶或父母坐。如果是社交场合,主位由东道主坐,主位的右边为最尊贵的客人,中国人讲究以右为尊,次宾居左边的位子。如果是政务或者商务宴请,主位通常为职务级别最高的领导坐,右边为主陪,左边为次陪,之后次宾;主客交叉,插花式就座。从中餐桌席位安排可以看出就餐人的身份和地位。

1)中餐餐具的使用

中餐的餐具主要有筷子、碗、盘子、碟子、勺子。

餐桌上的碟子是为了盛放骨头鱼刺等残留物,盛满即换。口布用于擦嘴或放在腿上以防食物掉到身上。酒杯、酒具通常放在餐具前边或左右前方。杯子的摆放分别为红酒杯、白酒杯与饮料杯。

2)餐桌礼仪与禁忌

中国人宴请客人时一般等客人先用餐,然后主人才开始用餐。吃饭的时候不能发出响声,忌讳将筷子插在饭碗上,因为这样是祭祀用的,很不礼貌。另外,就餐时请不要用自己的筷子为客人夹菜,要使用公用筷子和勺子,这样做既卫生又文明。

中国人就餐时习惯将菜盘放在转盘上供大家取餐,这并不表示我们中国人不讲究卫生,而表明大家吃的饭是一样的、安全的。

中国人是热情好客的,敬酒是就餐中不可少的一部分。敬酒的顺序一般由东道主开始,首先给主宾敬酒,干杯时一定要喝干以示诚意。另外,向领导、长辈等敬酒时,举杯时要尽量将酒杯低于对方的酒杯,以表示对对方的尊重。

3）点餐的顺序

就座后，客人们可以先喝茶聊天，主人点菜。点餐顺序南北方差异较大。北方人因为爱喝酒，点餐顺序依次为凉菜、热菜、汤、主食；而南方人如广东人在点粤菜时，则是先上汤，然后上菜。

就餐结束后，大家可以喝茶聊天，娱乐休闲。

5. 中国的茶文化

中国的茶文化有着悠久的历史，在世界上也有很大的知名度与影响力。

先秦《诗经》总集有茶的记载。早在周朝，茶已被奉为礼品与贡品。到两晋、南北朝时，客来敬茶已经成为人际交往的社交礼仪。

首先我们来了解一下有关茶的一些知识和礼仪。

1）茶的种类

绿茶、红茶、乌龙茶、白茶、黄茶、黑茶。

2）沏茶的程序

烧水、烫壶、温杯、取茶、沏茶、洗茶、分茶、斟茶、敬茶。

3）饮茶的程序

闻茶、品茶、斟茶。

4）敬茶的顺序

先为客人上茶，后为主人上茶；

先为主宾上茶，后为次宾上茶；

先为女士上茶，后为男士上茶。

历史上，饮茶在英国曾经是一个人身份的象征、教养的体现，英国人喝下午茶的习惯是受东方人的影响，其中主要是受中国人、印度人和斯里兰卡人的影响。与中国人不同，英国人喝茶时喜欢在茶杯里加入牛奶和糖，所以，英国人特别喜欢喝奶茶。

中国的茶文化对英国的茶文化也有很大的影响。

早在17世纪中期的时候，英国人开始出售茶叶，当时的茶叶非常昂贵，因此被视为贡品和奢侈品，如同我们今天喝高档红酒一样。英国的女主人会不会沏茶成为衡量她们是否有教养的一个标准。为了防止仆人偷茶叶，女主人往往把茶叶锁在一个铁盒里，只有当贵宾到的时候才会打开铁盒，拿出一点茶叶来沏茶，为大家表演茶艺。英国的茶叶当时主要是通过东印度公司进口的，茶叶的三大进口国分别是中国、印度和斯里兰卡。渐渐地英国人有了喝下午茶的习惯。不过英国人喝茶比我们多了两个程序，一是加奶，二是加糖，所以英国人喝的是奶茶。

6. 中国的酒文化

中国的酒文化（主要是指白酒文化）实际上是一种社交文化。喝酒是为了沟通、交友、生活等。

酒器：青铜器酒器、陶器、瓷器、玉器、金银器。

酒令：各地习俗不同。

酒的喝法：中国人喝酒时讲究酒逢知己千杯少，具体表现在：斟酒——满杯；敬酒——干杯；喝酒——豪爽、尽兴。

中国由于各地的风俗和习俗不同，因此，酒文化存在很大差异，如果不了解当地的酒文化，最好的办法就是“入乡随俗”。不过有一点是相同的，大家在敬酒的时候，为了表示对对方的尊重，敬酒的人举杯时，杯子一定要低于对方的杯子，尤其是在给长辈和领导敬酒的时候，一定不能高过对方的杯子。

视频文本

二、西方的饮食文化

1. 西餐用餐礼仪

中国人喜欢用圆桌用餐，代表着团团圆圆，而西方人喜欢用长方形的桌子用餐。

主人坐在餐桌的短边，其他人按重要性依次长边两端就座。夫妇居于餐桌两边，对面而坐。

西餐的餐具主要有：刀、叉、勺子、碟子、餐巾、红酒杯、咖啡杯或茶杯。

西餐礼仪：入座前，一般男士会为女士拉开椅子，方便女士就座。

桌上的餐巾有两种使用方式：一种是将其一角折在上衣领口处，吃饭时避免弄脏衣服。同时还可以方便擦嘴。另一种是将其搭在腿上，以免食物掉在身上。

1）分餐制

西方人请客采用分餐制，欧洲人在使用餐具时是右手拿刀，左手拿叉，使用时不得发出碰撞声，餐具的使用顺序是由外及里使用。用餐时不能一边咀嚼一边说话，一般情况下也不能大声说话。就餐完毕，一般将刀叉竖直平行放在盘子中间，示意服务生已经用餐完毕，可以收盘子了。

2）点餐顺序

西餐的点餐顺序与中餐不同，依次是：

（1）开胃品；

（2）汤；

（3）副菜；

（4）主菜（牛排、羊排、猪排）；

（5）配菜；

（6）甜点；

（7）饮品（可以点不含酒精的饮品，如果汁、汽水、冰水、咖啡等，也可以点含酒精的饮品，如红葡萄酒、白葡萄酒等）。

西方人在就餐前一般先喝开胃酒，餐中一般是吃红肉时应配红葡萄酒，吃白肉时应配白葡萄酒。餐后大家会边喝甜酒或烈酒，边聊天。

2. 咖啡文化

许多西方人有喝咖啡的习惯，因此，西方有咖啡文化，他们在接待客人时会给客人煮咖啡，或者冲泡咖啡，就像中国人用茶招待客人一样。巴西是世界上最大的咖啡生产国，星巴克是美国咖啡文化的代表。

西方的咖啡主要分为以下几种形式：

(1)白咖啡与黑咖啡。通常人们把不加牛奶和糖的纯咖啡称为黑咖啡，而把加奶或加糖的咖啡称为白咖啡。

(2)热咖啡与冰咖啡。

(3)世界各地的咖啡名称。不同国家和地区将咖啡分成了单品咖啡和花式咖啡两种，并且以不同的名称来命名，例如，单品咖啡有蓝山、巴西、曼特宁、摩卡、哥伦比亚、可纳、爪哇以及炭烧。花式咖啡有卡布奇诺、拿铁、摩卡奇诺、玛奇朵、花式摩卡、皇家咖啡、爱尔兰咖啡、康宝兰以及意式特浓。许多花式咖啡都是来自咖啡制作师的创意。

3. 酒吧文化

酒吧文化是一种交际文化。酒吧是西方成年人经常光顾的地方，是人们约会、聊天、娱乐、谈生意的最佳场所。

与餐馆消费不同，酒吧实行的是先买单，后消费的形式，消费者通常采用AA制，或者轮流请客。另外，酒吧里面的座位通常是不固定的，因此，在入座前通常要询问一下身边的人是否可以坐下。在酒吧消费不需要给吧台服务生付小费。

4. 快餐文化

美国的快餐文化对世界的传统饮食文化有很大的影响和冲击。

美国的快餐店品牌主要有麦当劳、肯德基、汉堡王、赛百味、必胜客、多米诺、熊猫快餐(美国的中式快餐)等。

美国的快餐品种主要有汉堡、薯条、炸鸡、比萨、热狗、三明治、碳酸饮料、冰激凌。

快餐文化符合现代人快节奏的生活方式，因此特别受年轻人的欢迎。但是它对其他国家传统饮食文化的冲击也不能忽视。

第四节　艺术文化差异

视频文本

一、中国传统艺术

中国传统艺术丰富而辉煌，主要体现在戏曲、书法、国画、剪纸、刺绣和音乐等方面。

1. 戏曲

中国戏曲以南宋对温州杂剧为代表标志正式诞生。

成就最高的是元代的北宋杂剧和明代的南戏。

中国戏曲主要分为京剧、越剧、黄梅戏、豫剧、评剧五大类；按地域又可细分为鲁剧、昆曲、川剧、河北梆子、广东粤剧、秦腔、晋、淮剧、湖南花鼓戏、河南越调、河南坠子等。

1）中国的国粹——京剧

徽班进京：1790 年安徽省的四个地方剧团在北京演出，接受昆曲、秦腔的曲调和表演方法等，形成了相当完整的艺术风格和表演体系，使得京剧成了中国戏剧文化的代表。

角色分类：生、旦、净、末、丑。

表演艺术：唱、念、做、打。

代表人物：梅兰芳。

2）皮影戏

老北京人称之为“驴皮影”。这种传统艺术始于战国，兴于汉朝，盛于宋代，元代时期传至西亚和欧洲，被列入世界非物质文化遗产名录。

2. 书法

提起中国的书法，我们首先要介绍一下中国的文房四宝。文房四宝是中国文化的骄傲。文房指的是书房，四宝指的是中国古代文人在书房中书写文字所使用的笔（毛笔）、墨、纸（宣纸）、砚（砚台）四种文具。中国的书法历史悠久，书法是以汉字为基础、用毛笔书写的、具有四维特征的抽象符号艺术，它能反映一个人的精神、气质、学识和修养。中国的书法在不同历史时期有其独特的字体和风格，出现了一些著名的书法大家，如王羲之、王献之父子，颜真卿和米芾等。俗话说，“书画不分家”，历史上一些书法家，同时也是画家或诗人。

中国的书法历史悠久，字体主要分为篆书字体、隶书字体、草书字体、楷书字体和行书字体。

篆书字体又分为大篆和小篆。

草书字体又分为章草、今草和狂草。

楷书字体又分为魏碑和唐楷。

3. 国画

国画即中国画，简称“国画”，是我国传统造型艺术之一。它在世界美术领域中自成体系。国画大致可分为：人物、山水、界画、花卉、瓜果、翎毛、走兽、虫鱼等画科；有工笔、写意、勾勒、设色、水墨等技法形式，设色又可分为金碧、大小青绿、没骨、泼彩、淡彩、浅绛等几种。

大家熟悉的画家及其代表形式是徐悲鸿画马，齐白石画虾，张大千画花鸟、山水。北宋画家张择端的代表作是《清明上河图》，元朝画家黄公望的代表作是《富春山居图》。

4. 剪纸

剪纸艺术是最古老的中国民间艺术之一，作为一种镂空艺术，它能给人以视觉上透空的感觉和艺术享受。其主要形式有窗花、门笺、墙花、顶棚花、灯花等。每逢过节或新婚喜庆，人们便将美丽鲜艳的剪纸贴在家中窗户、墙壁、门和灯笼上，节日的气氛也因此被烘托得更加热烈。

5. 刺绣

中国有四大著名刺绣，它们分别是苏州的苏绣、湖南的湘绣、广东的粤绣、四川的蜀绣。另外，河南开封的汴绣在历史上也很有名。

6. 音乐

中国的音乐，主要分为中国民族音乐和中国民歌。

中国民族乐器主要有二胡、琵琶、古琴、古筝、扬琴、笙箫、唢呐、笛子等。

中国有一支专门演奏中国民族乐器的乐队叫《女子十二乐坊》，大家可以上网收看她们演奏的音乐会。

1）中国民族音乐——经典民族音乐

中国民族音乐主要是指由中国民族乐器演奏的音乐，主要代表作有：

《二泉映月》——二胡曲；

《赛马》——二胡曲；

《高山流水》——古琴曲；

《姑苏行》——古筝曲；

《十面埋伏》——琵琶曲；

《金蛇狂舞》——中国民族音乐；

《渔舟唱晚》——中国民族音乐；

《春江花月夜》——中国民族音乐；

《梅花三弄》——中国民族音乐；

《步步高》——中国民族音乐；

《喜洋洋》——中国民族音乐；

《采茶舞曲》——中国民族音乐。

2）中国民歌

中国有56个民族，不同民族和地区都有自己独特而富有地域风格的民歌。例如：

《茉莉花》——江苏名歌；

《兰花花》《山丹丹开花红艳艳》——陕北名歌；

《康定情歌》《黄杨扁担》——西南民歌；

《达坂城的姑娘》（王洛宾）——新疆民歌；

《敖包相会》——内蒙古民歌；

《花儿与少年》——青海民歌；

《沂蒙山小调》——山东民歌；

《龙船调》——湖北民歌；

《阿里山的姑娘》——台湾民歌；

《刘三姐》——广西民歌。

3）中西合璧的音乐

《梁祝》——小提琴协奏曲；

《春节序曲》——管弦乐曲。

二、西方传统艺术

1. 歌剧艺术

歌剧最早出现在17世纪的意大利，既而传播到欧洲各国，如德国、法国、英国，最终又回到意大利。

世界著名歌剧有《浮士德》《乡村骑士》《卡门》《图兰朵》《阿依达》《弄臣》《茶花女》《托斯卡》《奥赛罗》《蝴蝶夫人》《艺术家的生涯》《魔笛》《费加罗的婚礼》等。

其中《奥赛罗》是根据英国威廉·莎士比亚的同名戏剧改编。《茶花女》是根据法国小仲马的剧本《茶花女》改编。

2. 芭蕾艺术

芭蕾艺术孕育在意大利，降生在十七世纪后期路易十四的法国宫廷，十八世纪在法国日臻完美，到十九世纪末期，在俄罗斯进入最繁荣的时代。

俄罗斯国家芭蕾舞团的代表作有《天鹅湖》《仙女》《睡美人》《胡桃夹子》。

3. 油画与雕塑艺术

西方历史上曾经出现过许多著名的油画家和雕塑艺术家，其中达·芬奇、拉斐尔和米开朗琪罗被称为意大利文艺复兴时期的“三杰”。他们的代表作分别是达·芬奇的《蒙娜丽莎》《最后的晚餐》；拉斐尔的《披纱巾的少女》《花园中的圣母》《圣母子》；米开朗琪罗的《大卫》《创世纪》《哀悼基督》。

另外，还有一位大家非常熟悉的画家是凡·高，他的代表作是《星空》。

4. 西方古典音乐

西方除了歌剧、咏叹调和芭蕾等艺术形式之外，还有古典音乐，例如，交响乐、圆舞曲、奏鸣曲、协奏曲、小夜曲、钢琴曲等。

奥地利首都维也纳被称为西方古典音乐之乡，历史上被称为维也纳三杰的音乐家是交响乐之父——海顿（奥地利作曲家）、天才——莫扎特（奥地利作曲家）和乐圣——贝多芬（德国作曲家）。

西方古典音乐有名的作曲家还有近代音乐之父——德国作曲家巴赫。

知识链接

贝多芬的代表作品

贝多芬的代表作品主要有《英雄》《命运交响曲》《田园交响曲》《欢乐颂》《月光奏鸣曲》《悲怆奏鸣曲》以及歌剧《费黛里奥》。

5. 西洋乐器

西洋乐器主要包括木管乐器、铜管乐器、弦乐器、键盘乐器、弹拨乐器、打击乐器等。

木管乐器：长笛、短笛、单簧管、双簧管、萨克斯。

铜管乐器：小号、圆号、长号、大号。

弦乐器：小提琴、中提琴、大提琴。

键盘乐器：钢琴、手风琴。

弹拨乐器：竖琴、吉他。

打击乐器：架子鼓、小军鼓、三角铁、木琴。

钢琴在西方乐器当中最具代表性，历史上曾经一度成为贵族身份的象征，因为早期学习钢琴的人都是贵族家的子女。如今钢琴得以广泛普及，成为平民百姓学习的乐器。

我们熟悉的世界著名钢琴家有贝多芬、李斯特、肖邦等。

6. 西方民歌

西方有许多民歌在全世界广为流传，有些民歌已成为他们国家和民族的文化符号。例如：

《我的太阳》《重归苏莲托》《桑塔露琪亚》——意大利民歌；

《夏日里的玫瑰》——爱尔兰民歌；

《红河谷》——加拿大民歌；

《友谊地久天长》——苏格兰民歌；

《莫斯科郊外的晚上》《三套车》《喀秋莎》《红莓花儿开》《纺织姑娘》——俄罗斯民歌；

《羊毛剪子咔嚓响》——澳大利亚民歌；

《鸽子》《美丽的西班牙女郎》——西班牙民歌；

《苏珊娜》《扬基歌》——美国民歌。

中西方艺术上表现出的差异也同样反映出东西方文化的差异，无论是东方艺术还是西方艺术都是其经典文化的表现形式，是各民族人民智慧的结晶与文明素养的体现。了解中西方艺术差异有助于提高我们的艺术修养和文化素养。

世界五大博物馆

法国卢浮宫、英国大英博物馆、俄罗斯艾尔米塔什博物馆、美国大都会艺术博物馆和北京故宫博物院。

1. 法国卢浮宫

卢浮宫博物馆始建于1204年，原是法国的王宫，居住过50位法国国王和王后，是法国文艺复兴时期最珍贵的建筑物之一，以收藏丰富的古典绘画和雕刻而闻名于世。

其艺术藏品种类之丰富，档次之高堪称世界一流。其中最重要的镇宫三宝是世人皆知的：《米洛的维纳斯》、达·芬奇的《蒙娜丽莎》和《萨莫特拉斯的胜利女神》。其他著名作品还有：《狄安娜出浴图》《丑角演员》《拿破仑一世加冕礼》《自由之神引导人民》《编花带的姑娘》等。

2. 大英博物馆

大英博物馆又名不列颠博物馆，成立于1753年，于1759年1月15日起正式对公众开放，是世界上历史最悠久、规模最宏伟的综合性博物馆，也是世界上规模最大、最著名的世界五大博物馆之一。

大英博物馆收藏了世界各地许多文物和珍品及很多伟大科学家的手稿，藏品之丰富、种类之繁多，为全世界博物馆所罕见。大英博物馆拥有藏品800多万件。由于空间限制，有99%的藏品未能公开展出。

3. 俄罗斯艾尔米塔什博物馆

该馆曾是叶卡捷琳娜二世的私人宫邸“冬宫”，由著名建筑师拉斯特雷利设计，外部雄伟壮观，内部装饰华丽，是18世纪中叶俄罗斯巴洛克建筑风格的杰出典范。

1764年，叶卡捷琳娜二世从柏林购进伦勃朗、鲁本斯等人的250幅绘画，存放在冬宫新建的侧翼“艾尔米塔什”，最初，只有极少数人能够随女皇出入“艾尔米塔什”，欣赏这些佳作，大概是出于这个原因，女皇将存放这250幅绘画的场所取名为Hermitage（艾尔米塔什），意为“隐居之所”，博物馆的名称也由此而来。

4. 美国大都会艺术博物馆

美国大都会艺术博物馆是美国最大的艺术博物馆，也是世界著名博物馆。

位于美国纽约第五大道的82号，与著名的美国自然历史博物馆和纽约海登天文馆遥相呼应。

5. 北京故宫博物院

北京故宫博物院建立于1925年10月10日，位于北京故宫紫禁城内，是在明朝、清朝两代皇宫及其收藏的基础上建立起来的中国综合性博物馆，也是中国最大的古代文化艺术博物馆，其文物收藏主要来源于清代宫中旧藏，是第一批全国爱国主义教育示范基地。

世界音乐之乡——奥地利首都维也纳

维也纳是奥地利的首都，也是欧洲主要的文化中心，被誉为“世界音乐之都”。这座城市不仅诞生和孕育了世界著名古典音乐家，如施特劳斯、莫扎特、贝多芬等，还处处充满了音乐气息。现有28家歌剧院和70多家影院遍布全市各区。

其中最有名的是国家歌剧院，它建于1867年，是一座古罗马式建筑。剧场气度恢宏，设计超群。舞台背后楼顶金色镂花栏杆后面，矗立着三排巨大的金色风琴乐管，正厅两侧金色墙壁前面是16尊金色石雕音乐女神，楼上两翼包厢的金色大门两侧，安置着欧洲历代音乐大师的金色胸像。整个剧院美观大方、色彩和谐，本身就是一件完美的艺术杰作。

资源共享

一、精彩图片

俄罗斯圣瓦西里大教堂

莫扎特著名歌剧作品《费加罗的婚礼》

意大利艺术家列奥纳多·达·芬奇的著名画作《最后的晚餐》

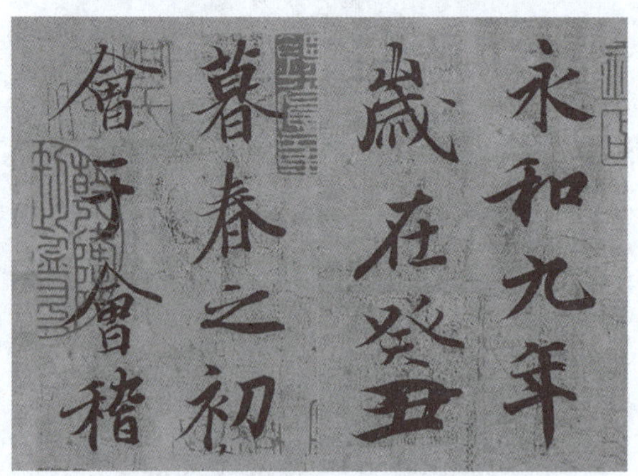

东晋书法家王羲之的《兰亭序》

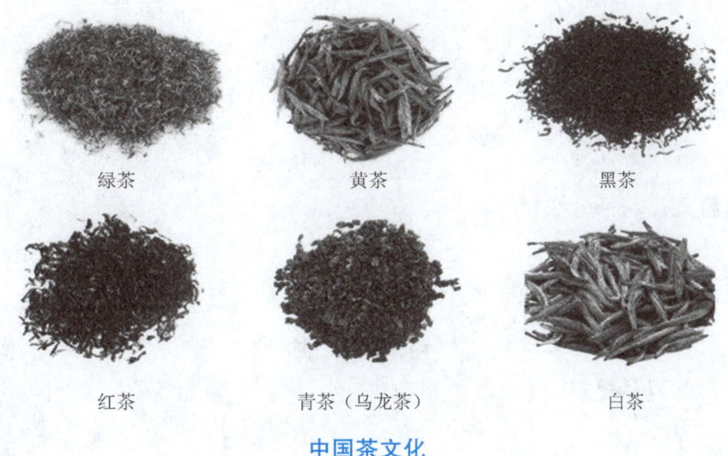

中国茶文化

二、图书推荐

[1] 龚鹏程. 文化符号学[M]. 上海:上海人民出版社,2009.

[2] 沃特金. 西方建筑史[M]. 傅景川,译. 长春:吉林人民出版社,2004.

[3] 张捷,李悦. 中西饮食文化比较[M]. 上海:上海交通大学出版社,2017.

三、视频推荐

(1)歌剧《图兰朵》。

(2)《女子十二乐坊》音乐会。

(3)纪录片《舌尖上的中国》第一季、第二季。

本章测试

一、判断题

请判断下列句子是对还是错。

1. 我们可以通过语言、宗教、文学、艺术、习俗上的符号来判断一个人、一个民族或者一个国家的

文化背景。(　　)

A. 对　　B. 错

2. 文房四宝是中国的文化符号。(　　)

A. 对　　B. 错

3. 瑜伽是中国的文化符号。(　　)

A. 对　　B. 错

4. 野牛镍币是西班牙的文化符号。(　　)

A. 对　　B. 错

5. 唐人街的特色是园林建筑。(　　)

A. 对　　B. 错

6. 书院是道家文化的标志和人文精神的象征。(　　)

A. 对　　B. 错

7. 巴黎圣母院大教堂是哥特式建筑。(　　)

A. 对　　B. 错

8. 歌剧最早出现在英国,继而传播到欧洲各国,最终又回到英国。(　　)

A. 对　　B. 错

9. 咏叹调是西方古典音乐。(　　)

A. 对　　B. 错

10. 歌剧《茶花女》是根据法国作家亚历山大·小仲马创作的长篇小说改编的。(　　)

A. 对　　B. 错

二、选择题(单选或多选)

请在下列 A、B、C、D、E、F 选项中选择一个或多个正确答案。

1. (　　)不是中国文化符号。

A. 傣族舞　　B. 蒙娜丽莎画像

C. 兵马俑　　D. 汉服

E. 比萨　　F. 泡菜

2. (　　)是西方文化符号。

A. 大提琴　　B. 燕尾服

C. 红灯笼　　D. 歌剧

E. 教堂　　F. 议会

3. 中国四大书院有(　　)。

A. 河南的应天书院和嵩阳书院　　B. 湖北的岳麓书院

C. 湖南的岳麓书院　　D. 江苏的白鹿洞书院

E. 江西的白鹿洞书院

4. 以下是罗马式建筑风格的建筑有(　　)。

A. 英国威斯敏斯特大教堂　　B. 梵蒂冈圣保罗大教堂
C. 意大利米兰大教堂　　D. 伦敦圣保罗大教堂

5. 洛可可式建筑的特征是(　　)。
A. 华丽精巧、细腻柔媚、纤弱温柔、纷繁琐细
B. 奢华富贵、庄严宏大、独具匠心、回归自然
C. 圆形顶
D. 尖尖顶

6. 俄罗斯国家芭蕾舞团的代表作是(　　)。
A. 红色娘子军　　B. 睡美人
C. 天鹅湖　　D. 胡桃夹子

7.《友谊地久天长》是(　　)的民歌。
A. 英格兰　　B. 苏格兰　　C. 美国　　D. 法国

8.(　　)是米开朗琪罗的作品。
A. 星空　　B. 最后的晚餐
C. 大卫　　D. 哀悼基督

9. 下面关于中国民歌的哪种说法是对的?(　　)
A.《沂蒙山小调》——山东民歌
B.《花儿与少年》——四川民歌
C.《山丹丹开花红艳艳》——陕北民歌
D.《达坂城的姑娘》——新疆民歌

10. 关于中国国画的说法,哪个是正确的?(　　)
A. 国画包含人物、山水、花卉、走兽等画科
B. 国画包含耶稣、圣母等人物形象
C. 中国国画画家齐白石以画虎为代表风格
D. 中国国画画家张大千以画花鸟、山水为代表风格
E. 中国国画画家徐悲鸿以画马为代表风格

三、思考题

1. 我们为什么要传承和弘扬中国优秀的传统文化?
2. 联合国为什么要建立世界文化遗产保护名录?

第三章 交际与跨文化交际

第一节　交际的方式

我们在工作、学习和生活中，无论采用什么样的交际方式，都离不开听、说、读、写这四种形式。

一、口语交际方式

口语交际是我们在日常工作、学习和生活中使用频率最高的一种交际方式，例如，在相亲、面试、谈判、演讲等场合。它既包括传统沟通方式，如面对面交流、托人捎口信，也包括现代沟通方式，如打电话、用微信发语音留言，以及在线视频聊天等。在交际过程中我们只要使用口头表达，这种交际就称之为口语交际。

面对面交际方式是一种最直接、最简单、最方便、最有效的沟通方式。交际双方不仅可以听到对方传递的声音信息，而且可以通过对方的表情、动作、服饰等非语言信息，准确地理解对方的交际意图。

口语交际的特点是：生动、形象、省时、互动性强、信息反馈及时、易于达成协议。

二、书面交际方式

书面交际方式包括书信、手机短信、电子邮件、博客、微博、微信、网上论坛等。在手机和互联网发明之前，人们在进行远距离交流时主要以书信方式为主。书信是以文字书写的方式向对方传递信息的一种文书。

书信是一种传统的书面沟通方式，书信里包含一种特别的情感是现代通信工具无法取代的，它能给人一种期待感，见字如面。我们经常用“鸿雁传书”和“家书抵万金”来形容书信往来以及书信的价值。书信不仅是一种沟通交流的方式，更是一种能够流芳百世的宝贵遗产。

知识链接

《曾国藩家书》

《曾国藩家书》是晚清重臣曾国藩的书信集，书中收集了近1 500封曾国藩写给家人的书信，是曾国藩一生的主要活动和其治政、治家、治学之道的生动反映。这部家书不仅体现出曾国藩的学识造诣和道德修养，同时也显示了他严谨的文风和作风。

由此可见，书信这种书面交际方式更正式、更严谨，另外，书面交际可以使交际双方避免直接发生冲突，或者陷入尴尬局面。

书面交际方式的特点是：更正式、更慎重、更严谨，易于信息的保存和分享。

三、传统交际方式

除了口语交际方式和书面交际方式以外，交际方式还可以分为传统交际方式和现代交际方式。

传统交际方式包括面对面、书信、托人捎口信、打电话等。

传统交际方式如书信、托人捎口信，正在被现代交际方式所替代。

那么传统书信是否会消失呢？这个问题值得我们思考和探讨。

四、现代交际方式

现代交际是随着互联网的普及而出现的一种新型交际方式，例如，手机短信、电子邮件、在线聊天、博客、微博、微信、网上论坛等。

各种在线聊天工具和社交平台如QQ、微信等越来越受到年轻人的欢迎。中国人现在特别热衷于使用微信与人进行沟通交流，这是因为微信不仅具有电话语音功能，同时还具有短信功能、视频功能以及图片、视频分享等新的功能，微信朋友圈可以扩大人们的交际范围，这种沟通方式非常方便、快捷。

现代交际方式的特点是：方便、快捷、便宜、省时、受众面广、影响力大、不受时空限制、不可逆转。但是，大家在使用现代交际方式时要注意不轻信谣言，不传播谣言，不发表违背法律、道德和原则的言论，否则会受到法律的惩罚。

五、现实交际

在现实生活中我们通常会参加一些社交活动，如晚会、文艺演出、体育活动、旅游、俱乐部等。我们也可以选择一些社交场所与人进行沟通和交流，如酒楼、茶社、俱乐部、咖啡馆等。

在选择社交场所时应考虑交际对象的文化背景、身份、职业、年龄、性别、兴趣爱好等诸多因素，因为不同文化背景的人会有不同的习俗爱好、不同的生活方式。例如，香港人和广东人经常喜欢去酒楼，因为他们有喝早茶、晚茶的习惯。成都人喜欢去茶社，因为他们有喝茶、打麻将的习惯。西方人喜欢喝红酒、啤酒或咖啡，所以他们喜欢去酒吧和咖啡厅。另外，还可以根据交际对象的身份、年龄和性别来选择交际场所。如果是年轻人，他可能更喜欢去电影院或者KTV。通常男士热衷于参加一些户外体育活动，如登山、滑雪、踢球等；女士则更喜欢去逛商场、做美容。最后，在选择交际场所和参加社交活动时还要考虑自己的经济实力，提前做好预算。

六、虚拟交际

如今我们生活在互联网时代，我们的生活已经离不开网络。与现实交际相比，年轻人更喜欢利用网络等社交网站和平台进行交友、聊天，足不出户便可广交朋友，了解天下大事。例如，西方人经常使用Skype、Facebook、Twitter等社交网络，中国人经常使用QQ、新浪、人人网和微信等聊天工具。

另一种虚拟交际方式是通过互联网在网上从事各种活动，如网上银行、网上购物、网上炒股，还有网上学习（MOOC）、网上娱乐等。

无论人们采用哪种交际方式，都不能过度依赖虚拟交际，而忽视了现实生活中与家人、朋友、同事、同学和邻居们的沟通与交流，毕竟人是社会的人，是文化的人，人类生活是脱离不了社会的。

第二节　人际交往

视频文本

一、人际关系的建立

在日常生活中我们免不了要与不同的人打交道，要处理各种复杂的人际关系。首先，了解一下常见的人际关系：

（1）血缘、姻缘。

（2）同乡、朋友、恋人。

（3）同学、校友。

（4）同事、战友、合伙人。

（5）师生、师徒。

（6）街坊、邻里。

每个人在成长的过程中都会建立自己的人际关系，有些关系是自然形成的，你无须刻意去建立，也无法轻易去改变，这就是血缘关系。

例如，父母与子女、兄弟姊妹之间的关系，这种血缘关系是无法轻易改变的。姻缘关系是通过婚姻建立起来的人际关系，例如，当一个人结婚了，丈夫会有自己的岳父、岳母，妻子会有自己的公公、婆婆，另外也会有婶婶、舅妈或者姨夫、姑父、嫂子、弟妹等姻缘关系，这种关系可以随着婚姻状况的改变而发生变化，所以需要人们精心维系。

另外，生活中还会有同乡、朋友、恋人等人际关系。在学校人们会有同学关系，除了同学关系之外，还有学兄、学姐、学弟、学妹和校友关系。除了这些关系，最亲的人际关系还有老乡关系、友情关系等。工作后会建立同事关系，如果当过兵，还会有战友关系；如果一个人做生意，他会有合伙人关系等。

在单位人们要处理好师徒关系，在学校要处理好师生关系，在家里要处理好街坊邻里关系，在宿舍还要处理好室友关系。

有人说，在中国除了自己的亲情血缘关系或者是姻缘关系之外，在社会上最亲的三个关系分别是：一起同过窗的（同学关系）、一起扛过枪的（战友关系）和一起下过乡的（知青关系），这三种关系被视为人生中除了亲情以外最重要的关系，因为他们有一起共同学习、工作和生活的宝贵经历。因此，建立良好的人际关系是非常必要的，我们要学会与人和谐相处，因为交际是一种润滑剂，只有当我们能够处理好这些人际关系时，才能保证家庭和睦、邻里和睦、同学和睦以及整个社会和睦。

俗话说，“家和万事兴”“和气生财”“和睦相处”“和谐稳定”，只有在每个家庭和谐、每个邻里和谐的情况下，社会才能和谐，国泰才能民安。

二、人际交往的原则

我们在了解了如何建立各种人际关系之后，还要懂得：尊重原则、真诚原则、守时原则、宽容原则和适度原则。这五个原则，是保持良好人际关系和处理人际关系的策略。

1. 尊重原则

俗话说“己所不欲，勿施于人”“萝卜白菜各有所爱”，所以，在交际时，我们需要尊重别人的信仰、习俗、习惯和爱好。

2. 真诚原则

真诚才是人生最高的美德。这是英国第一位短篇小说家乔叟的一句名言。我们在表达真诚时应该体现在以下三个方面：言语真诚、态度真诚、举止真诚。

3. 守时原则

中西方都有很强的时间观念，这一点在一些与时间有关的格言中得以体现，例如，“时间就是金钱，时间就是生命”“浪费时间等于慢性自杀”“浪费别人的时间就等于谋财害命”“一寸光阴一寸金，寸金难买寸光阴”这些名言提醒我们要珍惜时间。例如，我们在参加面试、重要会议或赴约时，一定要准时启程、准时到达、准时开始、准时结束、准时完成。

4. 宽容原则

“人非圣贤，孰能无过”“退一步海阔天空”“宰相肚里能撑船”“多一个朋友多一条路，多一个敌人多一堵墙”这些名句提醒我们待人要宽容。宽容别人的缺点、失误、误会以及误伤等。

5. 适度原则

在人际交往过程中，我们要把握“适度”二字。在语言交流中，我们要注意语气适度，既不要过于强势，也不要自卑。在社交场合，我们要把握举止适度，既不要张扬，也不要过于谦卑。最后还要注意装扮适度、态度适度。

三、交际的重要性

我们在社会生活中，每天要与不同的人打交道，要处理各种各样的人际关系。因此，我们一定要学会与人和谐相处，这不仅反映了一个人的交际能力，而且也是一个人的生存能力和情商高的体现。

1. 和谐生活的秘诀

《论语》讲“礼之用，和为贵”。人生活在世间，不能离开社会，不能离开群众而独自生存。小至家庭、公司、社团，大至国家，只要做到，没有不兴旺的。我们常说“家和万事兴”，还说“和气生财”，这充分说明了人们和谐相处是社会和谐稳定的秘诀，而且做到和谐的生活也会使我们的内心更加快乐。

2. 和睦相处的润滑剂

勤于沟通、善于沟通、耐心倾听、尊重他人、与人为善和宽宏大量是和睦相处的润滑剂。要想做到和谐相处，我们首先要勤于沟通、善于沟通，相互理解会让我们彼此更加宽容。其次我们还要耐心倾听、尊重他人，从内心真正关心他人，把他人的事情当成自己的事情来对待。最后我们要与人为善、宽宏大量，保持良好心态。只有我们时时处处都注意和人友好相处，多做少说，就会和人们建立起一种和谐的关系。

3. 信息与机遇的来源

我们与他人交际的目的之一就在于能获取各种各样重要的信息，并且这些信息有可能带来重要机遇。因此，成功的秘诀之一就在于沟通。研究显示成功的因素中，沟通与人际关系占 85%，而专业知识和技术仅占 15%。由此可见，沟通对于一个人成功的重要性。

第三节　社 交 技 巧

我们每个人在社会生活中必然会与他人交往，与他人交往就必然会产生矛盾。例如，在家庭中，会面临处理婆媳之间的矛盾；在单位，会面临处理同事之间的矛盾；在学校，会面临处理同学之间的矛盾。社交技巧可以帮助我们化解这些矛盾。

一、仪表与仪态

俗话说：“人靠衣服，马靠鞍。”一个人给人留下的第一印象往往来自于他的言谈举止和仪表仪态。第一印象直接决定着交际者双方是否能够继续交往下去，尤其是人们在相亲、面试、谈判和宴会等公共场合。为了给人们留下美好而深刻的第一印象，我们必须做到以下几点：

(1)端庄的仪表；

(2)得体的服饰；

(3)文雅的谈吐；

(4)礼貌的举止；

(5)友善的表情；

(6)乐观的心态。

二、赞美与认同

赞美、表扬如同一缕阳光，她能照亮别人，给人带来温暖，却不需要花费任何力气，也不需要花费一分钱。因此，在交际过程中我们对别人要多表示认同并给予赞扬，而不要频频挑刺和抬杠。

西方人喜欢当面赞美对方，对方也很乐意接受对方的赞美，他们经常以“Thank you.”回应对方。中国人一般不好意思当面夸奖别人，更不好意思接受对方的称赞，他们往往会谦虚地说：“哪里，哪里，您过奖了。”

因此，在交际过程中我们还要考虑到双方的文化背景。

我们可以赞美对方的服饰、发型、提包、配饰；还可以赞美对方的气质、口才、学识、才华等。例如，“你的衣服很漂亮，你的发型很好看，你的包和你的服装很般配，你的气质很好，你的口才真棒，你真是个才子(才女)，你是个学识很渊博的人”。

在交际过程中，认同也很重要。例如，“你说的有道理，你想得太周到了，你的主意太妙了，你跟我想到一块儿了，你的选择是对的”，等等。

三、倾听与同情

倾听是尊重对方的一种表现。我们要耐心倾听对方的陈述和解释，倾听对方的意见和建议，在中国文化以及一些东方文化中，交际时请不要打断对方，更不要指责对方。通常我们会倾听对方的烦恼和抱怨、倾听对方的秘密和隐私，有时候一个人需要找个倾诉的对象来发泄自己的情绪。学会倾听可以赢得对方的好感，获得对方的信任和友谊。

同情是一种美德。当听到对方告知我们一件不好的消息，如他生病了、丢了东西、受伤了、失业了、失恋了等，我们要对他们表示同情，并给对方以安慰，这会让对方感到温暖和感动，从而增强彼此的信任感。

电视剧《失恋33天》中的男主人公就是一个很有耐心和同情心的男人，他在女主人公失恋后成了她倾诉的对象，同时他还千方百计地保护她，最终赢得了女主人公的芳心。

四、察言观色与应变

俗话说“锣鼓听声，听话听音”。我们在交际时要学会察言观色，注意观察对方的脸色、表情、动作以及说话时的语气，以此来判断对方的心理活动，揣摩他的意图，或者判断交际者与其他人之间的关系，以便随机应变，避免出现尴尬局面。如果一个人在社交过程中频繁地看他的手表，这可能是他有事急于离开；或者是他对你讲的话不感兴趣，表现出不耐烦的样子，不想再继续交际下去。

五、慎言与拒绝

俗话说“祸从口出”“言多必失”“沉默是金”。如今在自媒体时代，人人都是“记者”，人人都被舆论所“监督”，所以在社交场合，人们不可以肆无忌惮地发表不负责任的言论和个人观点，否则会造成很严重的后果。

西方人敢于当面拒绝他人的请求，例如，美国人会当面拒绝别人向他借钱或者借车，这是因为借钱或者借车给别人意味着双方可能会面临经济或法律纠纷，一方可能要承担一定或者很大的法律责任，所以他们会当面拒绝别人的请求。美国人认为借钱的人应该去找银行贷款，借车应该找汽车租赁公司租车，而不应该找亲朋好友借钱或借车。

中国人往往碍于面子不好意思当面拒绝别人的请求，尤其是朋友或单位领导的要求。在郭冬临演的小品《有事您说话》中，男主人公为了讨好他的领导，自己连夜去火车站排队为领导买火车票，以此来显示自己是一个有本事的人，结果他让自己陷入了接连不断的麻烦之中。在我们的生活和工作中，有些人因为不会拒绝他人的无理要求而惹火烧身，轻者违反规定，重者违反法律，最终锒铛入狱，追悔莫及。所以，我们应该学会拒绝他人的无理要求，拒绝超出自己能力和权限的任何不合理的要求，以及违法或违背道德的行为，拒绝色情、毒品的诱惑。所以，交友要慎重、言谈要慎重、学会拒绝，只有这样才能保证自己的安全。

六、机智和幽默

我们在交际过程中难免会遇到一些令人不愉快或者是尴尬的局面，如何化解交际中的矛盾和尴尬？除了具有灵活机动的应变能力以外，最好的方法就是幽默。幽默是人际交往中不可缺少的润滑剂。在小品和相声中我们经常看到或者听到幽默的段子，培养幽默感是社交中不可缺少的法宝。

第四节　跨文化交际礼仪

视频文本

跨文化交际是指具有不同文化背景的人相互交流的方式。礼仪是表达尊重的方式，是待人接物之道，也是交往艺术。下面将为大家介绍一些跨文化交际的礼仪。

一、打电话

1. 预约

西方人有很强的时间观念，他们无论做什么事情都要电话预约。

例如，订台、订宾馆、买机票、看医生、到朋友家拜访等，一定要事先约好时间。如果你到酒店或者餐厅，服务员一般会问你："先生，请问您有预订吗？"因此，大家如果有机会到国外去留学、工作或者是旅游，一定要养成预约的习惯。如果没有得到主人的允许，不要擅自到别人家拜访，否则是很不礼貌的。英国人很注重自己的隐私，如果不是关系特别好的朋友，一般他们不会邀请陌生人到家里去拜访。英语中有句习语："英国人的家是一座城堡。"如果你跟老师有问题要交流，也需要提前预约或者是在老师办公的时间去拜访老师，不可以随便到老师家里拜访。另外，不要在清晨或者是晚上10点半以后给别人打电话，因为这样会让对方感到非常紧张，以为发生了什么重大事情。

2. 邀请

西方人在邀请别人时，通常通过以下几种方式：发请柬，打电话，当面邀请。

人们通常会提前一至两个月，至少也要提前一周时间发出邀请。假如大家已经就座，你才给朋友打电话："喂，你在哪儿？我们在某某酒楼吃饭，你过来吧。"在这种场合邀请别人来吃饭，这个人一定不会来。为什么？因为他觉得你不是特意邀请他，而是临时才想到他的，他会觉得你缺乏诚意，对他不尊重。同样，当你收到请柬，但是不能赴约时，你一定要提前打电话告诉对方你无法赴约，而不要等到最后时刻才打电话说："对不起，我不能参加宴会。"同样，这也是很不礼貌的。

二、待人接物

1. 宴请

中国人在请客时主人或东道主一般非常客气，他们会准备一桌丰盛的菜肴，或者请客人到酒楼饭店吃饭。主人开场的第一句话会说："哎呀，您看，我也不会做，没有什么菜，不成敬意。"西方人一看，这么大一桌子菜，如此丰盛，主人却说没什么吃的，他们会感到惊讶。另外，中国人在吃饭的时候喜欢帮别人夹菜，如果客人遇到不喜欢或者不能吃的菜，又不好意思说，这样会令客人感到非常尴尬。

西方人在请客吃饭时，通常会说"我是特意为您准备的"。他们会加上"特意"两个字以表示对客人的尊重。另外，西方人习惯分餐制，自己喜欢吃什么就拿什么，能吃多少拿多少，这样不会造成浪费。

中国人请客吃饭时，习惯提前到，有时会帮主人打打下手，或者聊聊天。但是，在西方国家，客人一般会准时赴约或者晚到五分钟。为什么？因为主人在厨房做饭时通常穿得很随意，女主人希望客人看到她时是经过精心修饰打扮后的样子。所以，主人不希望客人提前到。如果客人无法准时赴约，需提前打电话给主人并告之原因，不要让主人及其家人久等。

2. 送礼

我们到西方人家做客一般带一件小的礼品，最好是有自己民族文化特色的礼物，比如给女主人送一条丝巾，她会很开心。也可以给主人送包茶叶，或者送一些中国结或中国剪纸等手工艺品。

西方人在接受礼物时，会当面打开，然后称赞说："哇，真是太好看了！非常感谢！"而中国人在接收礼物时不好意思当面打开，一般是先收起来，等客人走了之后再打开看是什么礼物。中国人在一些特殊场合或者特殊节日，例如，在出席别人的婚礼、孩子的满月酒席、生日晚会或者给老人祝寿时喜欢送现金作为礼物。在西方是不送现金的，西方人不收现金，也不收贵重礼品，是因为他们认为收受贵重礼品是一种受贿行为。因此，在跨文化交际时，大家要特别注意中西方之间存在的文化差异。

三、着装与赴约

在出席社交场合时，我们的着装要根据自己的身份、场合、时间等因素来决定。那么在什么样的场合要穿正装呢？一般出席正式社交场合，大家一定要穿正装，而在运动或者旅游时，可以穿休闲装或运动装。例如，大学生去参加重要的面试时一定要穿正装，这样会显得非常专业，说明你对这份面试工作很重视。如果你穿得很随意，会给考官留下不好的印象，他们会感觉你对面试没有给予足够的重视。

美国高中学校会为高中毕业生举办毕业晚会，男生都要穿正装西装，系领带；女生会穿上漂亮的连衣裙或晚礼服。这样看起来很有仪式感。

商务人员在工作日或者出席正式谈判时也要穿着正装。男士穿西服打领带，女士可以穿套裙或者西装。如果应邀出席正式宴请，或者去听音乐会，女士还可以穿上晚礼服。

涉外礼仪是跨文化交际中最重要的一部分，学习跨文化交际礼节，不仅对我们今后出国学习有用，对今后从事涉外工作的同学也会有很大帮助。

资源共享

一、精彩图片

中国的茶文化

男士正装

与外国朋友一起聚餐

给外国朋友送礼物

二、图书推荐

[1] 阿德勒,普罗科特.沟通的艺术:看入人里,看出人外[M].黄素菲,等译.北京:世界图书出版公司,2015.

[2] 帕特森.关键对话:如何高效能沟通(第2版)[M].毕崇毅,译.北京:机械工业出版社,2017.

[3] 王茂跃.社交礼仪[M].北京:高等教育出版社,2014.

三、视频推荐

(1)电影《窈窕绅士》。

(2)电影《公主日记》。

本章测试

一、判断题

请判断下列句子是对还是错。

1. 历史上著名的《傅雷家书》就是傅雷夫妇写给孩子傅钦的。(　　)

A. 对　　　　B. 错

2. 现代交际方式的特点是:更正式、更慎重、更严谨,易于信息的保存和分享。(　　)

A. 对　　　　B. 错

3. 我们在表达真诚时会体现在三个方面：言语真诚、态度真诚、举止真诚。（　　）

A. 对　　B. 错

4. 我们赞美对方时，只需赞美对方的气质、口才、学识、才华等品格，但不能夸奖对方的外貌和服饰。（　　）

A. 对　　B. 错

5. 西方人在邀请别人时，通常会提前一到两个月，至少也要提前一周的时间发出邀请，如果当天邀请对方会让人感觉不真诚。（　　）

A. 对　　B. 错

6. 成功的秘诀之一就在于沟通。研究显示成功的因素中，沟通与人际关系占85%。（　　）

A. 对　　B. 错

7. 在西方，看医生不需要提前打电话预约。（　　）

A. 对　　B. 错

8. 西方人一般会在客人走后再打开礼物。（　　）

A. 对　　B. 错

9. 每个人在成长的过程中都会建立自己的人际关系，有些关系是自然形成的，你无须刻意去建立，也无法轻易去改变，这就是血缘关系。（　　）

A. 对　　B. 错

10. 现代交际是随着互联网的普及而出现的一种新型交际方式，例如，手机短信、电子邮件、在线聊天、博客、微博、微信、网上论坛等。（　　）

A. 对　　B. 错

二、选择题（单选或多选）

请在下列A、B、C、D选项中选择一个或多个正确答案。

1. 下列不属于面对面口头交际的方式是（　　）。

A. 相亲　　B. 面试　　C. 发微博　　D. 谈判

2. 在当代，虚拟交际方式普遍应用于日常生活交际中。中国人常用的社交平台或软件是哪一个？

A. Facebook　　B. Skype　　C. Twitter　　D. Wechat

3. 口头交际方式具有哪些特征？

A. 生动形象　　B. 互动性强　　C. 反馈及时　　D. 受众面广

4. 下列属于姻亲关系的是（　　）。

A. 叔嫂　　B. 叔侄　　C. 姐弟　　D. 姨甥

5. 人际交往的原则包含有（　　）。

A. 真诚原则　　B. 友好原则　　C. 尊重原则　　D. 宽容原则

6. 去西方人家做客，不适合送给主人的礼物是（　　）。

A. 礼金　　B. 茶叶　　C. 红酒　　D. 丝巾

7. 我们在什么样的场合要穿正装？

A. 面试　　B. 谈判　　C. 旅游　　D. 音乐会

8. “退一步海阔天空”说明了我们在人际交往中要遵循(　　)原则。

A. 真诚　　B. 宽容　　C. 尊重　　D. 适度

9. 我们选择社交场所应考虑的因素有哪些？

A. 年龄　　B. 职业　　C. 文化背景　　D. 兴趣爱好

10. 在与西方人交际时，下列哪些做法不合适(　　)？

A. 晚上十点以后打电话聊天　　B. 吃饭时替客人夹菜

C. 给老师送贵重的礼物　　D. 临时打电话请人吃饭

三、思考题

1. 在人际交往中，我们应注意哪些方面？

2. 哪些物品不适合送礼用？

第四章 语言交际差异

第一节 语言交际概述

视频文本

一、语言交际的定义

语言交际是指交际者借助文字或声音来传递信息的一种沟通方式。语言交际分为口语交际和书面语交际两种。

口语交际能力一般指一个人的口才,即用语言、声音来传递信息的一种口语表达能力。生活中,我们常用“口若悬河、妙语连珠、幽默诙谐、出口成章”等词语来形容一个人的口才很好。

书面交际能力是指一个人的文笔,即用书面文字的形式进行表达的能力,如写文章、写日记、写信、发电子邮件等方式。我们常用“洋洋洒洒、妙笔生花”等词来形容一个人的文采。

二、语言交际过程

语言交际过程通常由消息的发送者和接收者来共同完成。如何才能与他人进行有效的沟通和交际呢？首先我们需要了解语言交际的过程。语言交际过程主要由以下要素构成:

发送者→编码、阐释、解码（信息）→发射器（信号）→噪声（信号）→接收器（信息）→解码、阐释、编码→接收者

跨文化交际过程中需要考虑交际者双方之间存在的文化差异。即一方在发送信息时需要经过一层文化过滤才能传达给另一方。如果缺乏中西方的文化差异知识，在交际过程中，交际的一方就无法正确解读另一方的编码，从而出现交际中断，如同电路出现短路一样，导致交际失败。

三、语言交际能力

语言交际能力是指一个人运用语言交际来达到某一特定交际目的的沟通能力。

影响一个人语言交际能力和跨文化交际能力的主要因素有哪些呢？

1. 影响语言交际能力的三大要素

（1）语言能力。语言能力是指一个人对语言词汇、语法、语篇的理解能力和阐释能力，即沟通能力。

（2）言语能力。言语能力是指一个人的语言表达能力，表达是否流利、清晰、得体、符合逻辑。

（3）语言知识。语言知识是指一个人掌握的词汇量、句型、修辞以及百科知识等。

假如一个人的语言能力很强，表达能力也很强，但是他在谈论某一话题时，由于他对此话题不了解，甚至完全不懂，出现了知识盲区，那么他的语言能力和表达能力就会受到限制，从而无法完成交际任务，当然也无法达到交际目的。

例如，有些同学在参加雅思和托福考试时，不管是口语考试还是写作考试通常会遇到这样的问题，即考生由于缺乏对相关考试话题的信息量或文化背景知识，而无法用英语准确表达自己的思想、观点、态度和情感。

2. 影响跨文化交际能力的三大要素

（1）外语能力（听、说、读、写、译能力）。

（2）语用能力（是否得体）。

（3）文化背景知识（文化差异）。

影响一个人跨文化交际能力最重要的因素首先是交际者的外语水平，即他在外语听、说、读、写、译五个方面的能力。其次是交际者的外语语用能力，即在交际过程中交际者使用的语言是否得体。如果一个人使用的语言非常得体，不仅说明他的语用能力很强，而且还表明他的情商很高。如果一个人的语用能力很差，即使他的语言表达没有问题，也可能冒犯他人从而使交际中断。例如：

一位东方小伙子问一位美国女士："你丈夫支持你出来工作吗？"

女士回答说："我还没有结婚呢。"

男士追问道："你为什么还不结婚呢？"

女士生气地说："这不关你的事。"然后生气地离开了。

这是一个典型的由于语用失误而导致交际失败的案例。

最后，在从事跨文化交际时，交际者一定要有很强的敏感性、宽容性和灵活性。

要提高我们的跨文化交际能力不仅要学好外语语言，而且要注意提高自己的语用能力和跨文化交际意识。

四、语言交际的语境

首先我们来了解一下语境的定义。

1. 语境的定义

语境这一概念最早是由波兰人类学家 B. Malinowski 在 1923 年提出来的。他将语境分为两类：一类是“情景语境”；另一类是“文化语境”。

通俗地讲语境是指交际者使用语言时的环境。

2. “情景语境”

无论是汉语还是英语都有一词多义的现象，所以我们在分辨一个词的语义时要考虑讲话人说话时的语境，否则可能无法正确理解一个词的正确含义，从而导致误会，甚至会闹出笑话。

例如，汉语中“方便”一词在不同的语境中有不同的意思。我们在翻译的时候要根据语境来进行准确理解和正确表达。

现在有了高铁，人们出行更加方便了。 (convenient)
希望您能给我们提供一些方便。 (help, do us a favor)
在您方便的时候请来给我们指导一下。 (when you are available)
对不起，我出去方便一下。 (Excuse me. Go to bathroom.)
病人在休息，不方便探视。 (Be not permitted)
方便食品不宜多吃。 (instant food)

汉语中还有另外一个词“意思”也是一词多义。例如：

请问这句话是什么意思？ (meaning)
你不给他意思意思？ (give someone some benefits)
这是我的一点儿心意，小意思。 (my gratitude)
这太不好意思了。 (You are so kind. You shouldn't have…)
你这就太没意思了。 (You are welcome.)
你这人真够意思。 (You are really something.)
你还好意思跟我说这些？ (How dare you say…?)
这个电影太没意思了。 (so boring)

英语中同样也有一词多义现象，我们在学习和使用时也要注意分辨词语的语境。

例如，“observe”一词，通常大家会把它翻译成“观察”，但是，它还有其他的意思。

When you do the chemistry experiment, you should *observe* the reaction carefully.（你在做化学实验时应该仔细观察它的化学反应。观察）

Prof. Smith, may I *observe* your class on Tuesday?

（史密斯教授，请问我可以去听一下您的课吗？听课）

Police: You should *observe* the traffic rules.

（警察：你应该遵守交通规则。遵守）

I will throw a birthday party to *observe* my 18th birthday. Will you come?（我将举行一个生日晚会来庆祝我的 18 岁生日，你来参加吗？过生日）

3. “文化语境”

语言与社会和文化有着密切的关系，人们由于文化背景不同，所以他们对同一个词语内涵的理解也是不一样的，这就产生了文化差异。

例如，“朋友”一词，不同文化对“朋友”一词的内涵理解就不同。

中国人认为朋友是除了血缘和姻缘关系以外与自己关系最近的人。中国人一旦成为朋友，他不仅会将朋友之间的友谊保持很久，而且会把自己的朋友介绍给自己的家人，让朋友成为自己家人的朋友。

法国人则不同，他们会将朋友分成“球友”“酒友”“棋友”等，朋友只是一些兴趣相投的人在一起从事一些嗜好，一般不与家人之间直接接触。

德国人与中国人一样，如果你一旦成为德国人的朋友，他会将你介绍给他的家人，并且与你的关系保持很久。

美国人会将朋友的含义扩大为熟人，在美国人看来凡是认识的人都可以称之为朋友。美国人会将刚刚认识不久的人称为朋友。

所以，在语言交际过程中，尤其是在跨文化交际过程中，我们不仅要了解一定的语言交际方式、语言交际的过程，掌握一定的语言知识和百科知识，同时还要注意语言交际时的语境差异以及中西方之间的文化差异，否则会导致交际失误，甚至交际失败。

第二节　东西方语境差异

视频文本

人类学家爱德华·霍尔将语境划分为高语境（high-context，HC）和低语境（low-context，LC）两种。

一、高语境

1. 高语境的定义

高语境是指交际者双方在语言交际过程中其语义的产生不完全依赖于语言本身，而是依赖于一些非语言信息，如眼神、体态、表情、语气、空间、沉默等。

例如，一位中国男士问一位中国女士“你爱我吗？”

一位美国或英国男士问一位美国或英国女士同样的问题，答案是不一样的。

中国女士会说“你讨厌”。或者“瞧你那傻样”。

她根本没有回答男士的提问，但是所有中国人都能理解这位女士的回答是肯定的。但是英美国家的人却无法推断和理解这句话的含义。

为什么高语境国家的人与低语境国家的人会出现这种沟通障碍呢？这是因为两种语境的人有不同的表达方式。

一般来讲高语境国家人们说话不直接，表达很含蓄，他们在交际时需要通过动作、表情等非语言要素来推测对方所要表达的意思和意图。

中国有一首歌名为《月亮代表我的心》。其中有一句歌词是“你问我爱你有多深，月亮代表我的心”。对于你爱我有多深这个问题，西方人可能期待的答案是我爱你很深；但是中国人却不直接回答，而是说月亮代表我的心，这让西方人根本无法理解，因为他们不知道爱与月亮之间有什么联系。中国人常将“月亮”比作“月下老人”，也就是“红娘”，而西方文化中没有这样的语境，所以就造成了交际失败。

2. 高语境的语言特点

含蓄、隐晦、间接。高语境国家主要分布在亚洲和拉美等国，其中比较典型的国家有中国、日本、朝鲜、韩国、墨西哥等。高语境国家的人在表达方式上比较含蓄、隐晦、不直接，通常需要借助动作、表情、语气等非语言来进行推测和判断讲话人的意思。

3. 高语境的交际特点

路斯迪格将高语境（HC）交际的特点概括为：

（1）内隐，含蓄；

（2）暗码信息；

（3）较多的非言语编码；

（4）反应很少外露；

（5）（圈）内（圈）外有别；

（6）人际关系紧密；

（7）高承诺；

（8）时间处理高度灵活。

人际关系紧密、高承诺、时间处理高度灵活是高语境交际中最突出的特点。例如，高语境的人际关系紧密主要表现在家族观念强，老乡观念强，同学关系、战友关系、邻里关系紧密等。

中国人常说“有空到我家来玩儿，有事儿找我”。这些话不过是句客套话而已，而低语境国家的人往往会理解为这是对方发出的邀请，他们会欣然接受，这就会造成交际失误。

高语境国家的人在时间处理上表现出高度灵活，例如：开会迟到，临时取消约会，甚至考试迟到。

二、低语境

1. 低语境的定义

低语境是指交际者双方在交际时，其语义的产生不依赖于非语言交际，而是高度依赖于语言本身。例如，在回答是否爱一个人时，他们的回答是“我爱你因为……”，或者是“我不爱你因为……”

低语境国家主要分布在北美和欧洲，典型的低语境国家有美国、德国、瑞士，以及北欧一些国家等。

2. 低语境的语言特点

直接、坦率、外露，意义直接包含在言语中，依赖于语言交流。

3. 低语境的交际特点

(1)外显,明了;

(2)明码信息;

(3)较多的言语编码;

(4)反应外露;

(5)(圈)内(圈)外灵活;

(6)人际关系不密;

(7)低承诺;

(8)时间高度组织化。

低语境国家的人在交际时他们的反应往往会外露表现出来。

《世界青年说》节目中,11 位来自不同文化背景的嘉宾表情丰富、态度明了,尤其是美国小伙,在交际过程中,喜欢暴露自己的喜、怒、哀、乐,不像来自高语境的中国人那样会克制自己的情绪,中国人尽管不情愿、很生气,但是为了面子,也要压制、克制自己。

低语境国家的人喜欢用文字来解释清楚所要表达的信息。在英译汉翻译过程中,我们会发现,同样的文稿,英文的字数远远多于汉字,英语中特别喜欢用从句就是为了详细说明或表达交际者的意思或意图。

西方人的时间观念主要表现在他们有很强的计划性。例如,他们往往会提前预订机票、宾馆、旅行社,因为提前订得越早、价格越便宜。对他们来说“时间就是金钱”。

一般来讲欧美国家的人时间观念比较强,例如,美国人、英国人、德国人有很强的时间观念。在德国文化中,守时是一种尊重他人和礼貌的象征;而迟到则被视为是一种粗鲁行为。

三、高语境与低语境兼有的国家

除了高语境和低语境国家之外,还有一种国家是两者兼有的国家,典型的国家有:法国、英国和意大利。

了解东西方高语境与低语境之间的差异有助于我们消除跨文化交际中出现的失误和误解,使我们的跨文化交际更加顺利。

第三节　东西方语言交际差异

视频文本

由于东西方在语境和文化方面存在很大差异，所以，我们在进行跨文化交际时还要注意东西方在下面几个方面存在的差异。

一、称呼语

称呼语是大家在交际中首先要学会的，例如，如何与人打招呼，如何把自己以及身边的领导、家人、同事、朋友等介绍给对方。不同文化背景中人们会使用不同的称呼语。正确、恰当地使用称呼语是交际的开始，称呼语会影响一个人能否顺利完成交际，也是能否给对方留下深刻印象的关键因素之一。

1. 汉语称呼语

与英语相比，汉语的称呼语更丰富。汉语称呼语总体上可以分为以下几种类别。

尊称：令尊、令堂、前辈、博士、教授、老师、先生、女士。

谦称：鄙人、在下、后生、晚辈。

血缘之称：爸爸、妈妈、爷爷、奶奶、叔叔、姑姑、舅舅、姨姨。

姻缘之称：婶婶、姑父、姨父、舅妈、嫂子、姐夫。

辈分之称：爷爷、奶奶、叔叔、阿姨。

长序之称：伯伯、叔叔、哥哥、弟弟。

头衔之称：部长、厅长、局长、校长、处长。

正式场合：全称 + 职位。

昵称（绰号）：铁蛋、丫蛋。

泛称：师父、老师、大娘、大爷、大叔、叔叔、阿姨、美女、帅哥。

中国的称呼语与英语称呼语相比更复杂，而且变化很快。例如，某些称呼语的内涵会随着社会的进步与发展发生变化，尤其是泛称的使用变化很快。

2. 英语称呼语

英语的称呼语相对而言比较简单，并且比较稳定。正式场合常用的英语称呼语有：

Mr. /Sir 先生

Mrs/Madam 太太

Ms. 女士/Miss 小姐

头衔或职称 + 姓氏

西方人在非正式场合可以直呼对方的名字以表示平等和友好。

例如，交际双方彼此为了拉近距离，就可以往往让对方称自己的名字，不需要加头衔、姓氏等，以表示两个人的关系很平等、很亲近、很熟悉、很友好。在美国，朋友之间通常互称对方的名字，即使是孩子也可以直呼长辈的名字。在东方文化中，这样做被视为是一种非常不礼貌的行为。

英语中也有昵称，例如，Robbie（Robert）、Catherine（Cathy），通常用于家人或好朋友之间。汉语中有时候人们会给自己喜欢的人起绰号，例如，称呼刘德华为华仔、称呼周杰伦为周董、称呼林俊杰为杰杰等。

下面我们一起来对比总结一下中西方在称呼语方面存在的差异。

东方人在称呼上更强调地位、辈分和身份。

西方人则更突出性别和婚姻。

东方人通常将姓氏放在名字的前面。

亚洲许多国家,例如,中国、韩国、越南,女性结婚后一般不随夫姓,妻子可以继续使用自己原来的姓氏。

西方人大多习惯将名字放在姓氏之前。

在西方文化中,女人结婚后要随其丈夫的姓氏。

例如,美国前国务卿希拉里·克林顿,克林顿就是其丈夫的姓氏。

二、会话主题

不同文化背景的人往往有自己特别感兴趣的谈论话题,例如,英国人喜欢谈天气;美国人喜欢谈论篮球、棒球和橄榄球。当然他们也有各自的禁忌,因此,在跨文化交际时要特别注意会话主题的选择,否则可能会冒犯他人,甚至会引发冲突。

1. 西方人忌讳谈论个人隐私问题

西方人忌讳谈论个人隐私问题,如女人的年龄、男人的收入、健康以及婚姻生活等。

2. 东方人喜欢问及别人的隐私问题

东方人喜欢问及别人的隐私问题以示关心,如年龄、婚姻、收入、家庭生活和孩子教育等。中国人特别喜欢谈论家庭生活之类的话题,有时候会涉及一些隐私。

俗话说:“男大当婚,女大当嫁。”中国家长特别关心年轻人的婚姻问题,有时会令年轻人感到惧怕,甚至是反感。有些大龄女孩子会遭到家长逼婚,感觉很无奈。中央电视台曾经播放过一部电视连续剧《咱们结婚吧》里面反映的就是这种现实生活。

3. 初次见面话题选择策略

由于东西方存在文化差异,为避免冒犯他人,使交际能够顺利进行,最好的策略是选择所有文化共同爱好的话题,例如,同男士谈论体育竞技、赛车、旅游、下棋、电影等娱乐活动为宜;同女士谈论服装、化妆品、美容、音乐、烹饪和孩子教育等话题。忌讳:不要涉及政治、宗教、种族、性等敏感话题。

三、语言风格

俗话说“知己知彼才能百战不殆”。

不同文化背景的人具有不同的语言风格,所以,不要以为所有人讲话的风格都与自己国家的风格一致,尤其是在涉及跨文化交际时,如在参加国际商务谈判、国际会议和文化交流时,要特别注意这一点。

江苏卫视有一档节目名为《世界青年说》,节目中有11位嘉宾,他们分别来自英国、美国、加拿大、澳大利亚、德国、意大利、俄罗斯、伊朗、波多黎各、韩国和泰国。从他们的交谈中,可以看出东方人与西方人的语言风格是存在很大差异的。

1. “东方人采用体谅模式”——间接表达方式

东方人在交际时往往采用间接表达方式，另外，喜欢采用单向交际，在交谈时喜欢依次发言、点头回应、洗耳恭听、不打断对方、不反驳对方、很讲面子。

东方人一般不直接拒绝对方的求爱或求助是为了给对方面子。当东方人说“我们回去再研究一下”。其表达意思就是委婉拒绝。

采用体谅模式的人通常有：中国人、日本人、韩国人以及其他东南亚国家的人。

2. “西方人多采用参与模式”——直接表达方式

西方人喜欢采用直接表达方式，他们往往很健谈、善于互动、频繁打断对方或被对方打断、讲话声音大、说话语速快。

采用参与模式的人通常有：俄罗斯人、意大利人、希腊人、西班牙人、拉丁美洲人、阿拉伯人和非洲人。他们敢于表现出很直率的一面，甚至会当面与人发生争执。

3. 美国人的语言风格

由于美国是一个移民国家，所以他们的语言风格是以下两种兼有：

主流语言风格被视为“体谅模式”，主要以加州为主；另一种语言风格为“参与模式”，主要以纽约为主。

四、交际方式

东西方在语言交际方式上同样存在很大差异。东方人采用的是“东方保龄球式”单向交际，而西方人采用的则是“西方乒乓球式”双向交际。下面我们来对比一下东西方在交际方式上各有什么特点，存在哪些差异。

1. “东方保龄球式”——单向交际

一方发言时，另一方洗耳恭听，不善于用目光交流，缺少互动，不会当面争执，接受沉默。

2. “西方乒乓球式”——双向交际

互动频繁，喜欢用目光交流，可以当面争执，害怕沉默。

了解东西方语言交际在称呼语、会话主题、语言风格以及交际方式方面存在着巨大差异，会为我们今后从事跨文化交际提供非常重要的指导。

世界七大语系

19世纪，欧洲的比较学派研究了世界上近一百种语言，发现有些语言的某些语音、词汇、语法规则之间有对应关系，有些相似之处，他们便把这些语言归为一类，称为同族语言；由于有的族与族之间又有些对应关系，又归在一起，称为同系语言，这就是所谓语言间的谱系关系。现在，世界上主要的语系有印欧语系、汉藏语系、阿尔泰语系、闪－含语系、德拉维达语系、高加索语系和乌拉尔语系共七大类。

语言与言语的区别与联系

1. 语言与言语的区别

语言是交际的工具;言语是使用语言交际的过程。语言是一种社会现象,有较大的稳定性;言语是人的心理现象,具有个体性与多变性。研究语言的科学是语言学;言语活动则是心理学的研究对象。

2. 语言与言语的联系

语言是言语的工具,言语离不开语言;语言在言语中产生,并在言语过程中体现价值,语言离不开言语。

资源共享

一、精彩图片

跨文化交际

工作交流

商务沟通

国际商务谈判

二、图书推荐

[1] 连淑能. 英汉对比研究[M]. 北京:高等教育出版社,1993.

[2] 徐行言. 中西文化比较[M]. 北京:北京大学出版社,2004.

[3] 何自然,冉永平. 语用学概论[M]. 长沙:湖南教育出版社,2006.

[4] 叶蜚声,徐通锵.语言学纲要[M].北京:北京大学出版社,2010.
[5] 岑运强.语言学概论[M].北京:中国人民大学出版社,2012.

三、视频推荐

(1)电视娱乐节目:江苏电视台《世界青年说》。

(2)电视娱乐节目:湖北电视台《非正式会谈》。

(3)电影《中国合伙人》。

(4)电影《国王的演讲》。

本章测试

一、判断题

请判断下列句子是对还是错。

1. 语言能力也叫言语能力,指一个人对语言词汇、语法、语篇的理解能力和阐释能力,即沟通能力。(　　)

A. 对　　　　B. 错

2. 一个人的语言知识强,语言交际能力就强。(　　)

A. 对　　　　B. 错

3. 在与西方人进行跨文化交际时,中国人不要家长里短地打听别人的隐私,如婚姻状况、收入状况等。(　　)

A. 对　　　　B. 错

4. “文化语境”中,中文“方便”在不同的场合,代表不同的意思。(　　)

A. 对　　　　B. 错

5. 高语境是指交际者双方在语言交际过程中其语义的产生不完全依赖于语言本身,而是依赖于如眼神、表情等非语言信息。(　　)

A. 对　　　　B. 错

6. 低语境国家主要分布在北美洲和欧洲,语言特点为内隐、含蓄。(　　)

A. 对　　　　B. 错

7. 英国为低语境国家，语言交流直接、坦率。(　　)

A. 对　　　　B. 错

8. 能否正确恰当使用称呼语是影响交际能否顺利进行和给对方留下深刻印象的关键因素之一。(　　)

A. 对　　　　B. 错

9. 洗耳恭听是交际中体谅模式的一种表达方式。(　　)

A. 对　　　　B. 错

10. 乒乓球式交际为双向交际，主要是西方人交际特点，具体体现为互动频繁。(　　)

A. 对　　　　B. 错

二、选择题（单选或多选）

请在下列 A、B、C、D、E、F、G 选项中选择一个或多个正确答案。

1. 下面哪一个是语言交际的定义？(　　)

A. 语言交际主要是指交际者通过文字、声音、图像等进行网上沟通

B. 语言交际主要是指交际者通过文字、语音等方式远距离进行沟通

C. 语言交际是指交际者借助文字或声音来传递信息的一种近距离沟通方式

D. 语言交际是指交际者借助文字或声音来传递信息的一种沟通方式，分为口语交际和书面语交际

2. 影响一个人语言交际能力的要素有(　　)。

A. 文化知识　　B. 语言能力　　C. 语言知识　　D. 言语能力

3. 影响跨文化交际能力的要素有(　　)。

A. 语用能力　　B. 语言能力　　C. 文化背景知识　　D. 外语能力

4. 语境这一概念最早是由波兰人类学家 B. Malinowski 在 1923 年提出来的。他将语境分为(　　)和(　　)两类。

A. 情景语境与人文语境　　B. 人文语境与文化语境

C. 文化语境与情景语境　　D. 公开语境与隐私语境

5. 高语境国家主要有(　　)。

A. 中国　　B. 美国　　C. 德国　　D. 墨西哥

E. 朝鲜　　F. 瑞士　　G. 日本

6. 在英国、美国，交流(　　)不会导致交际失败。

A. 天气状况　　B. 是否已婚

C. 体育爱好　　D. 收入财产

7. 高语境国家主要分布在亚洲和拉美。其语言特点是(　　)。

A. 直接　　B. 含蓄　　C. 隐晦　　D. 间接

8. (　　)是低语境国家的交际特点。

A. 反应很少外露

B. 人际关系紧密

C. 时间高度组织化

D. 较多的言语编码

E. 圈内圈外灵活

F. 时间处理高度灵活

9. (　　)属于高语境的交际特点。

A. 同学关系紧密

B. 老乡观念强

C. 邻里关系紧密

D. 时间观念很强

E. 对家族观念强

10. 西方人多采用参与模式进行交际,具体体现在(　　)。

A. 讲话声音大

B. 说话语速快

C. 不打断对方

D. 点头回应

E. 很健谈

三、思考题

1. 请问哪些职业从业人员需要具有很强的语言交际能力？请举例说明。

2. 如何才能提高一个人的语言交际能力？

第五章
非语言交际差异

第一节　非语言交际概述

视频文本

一、非语言交际的定义

非语言交际是不使用言词的交际。在交际过程中不使用口头或文字形式进行信息传递的沟通方式即为非语言交际。非语言交际往往利用体态语传递信息，例如，利用符号、信号、距离和时间等非语言手段传递信息，利用声音的高低传递语气、态度等情感信息。

二、非语言交际的作用

我们常说一个人的“言谈、举止、仪表、仪态”，其中只有“言谈”属于语言范畴，其余三个都属于非语言范畴。据统计，语言交际在人们面对面交际过程中仅占35%左右，其余65%主要是靠非语言交际手段来完成。

三、非语言交际的分类

1. 体态语

体态语包括目光、表情、姿势、手势、身体接触等。例如，可以用凝视、四目相对、微笑、飞吻、拥抱、依偎等非语言来传递信息、交流情感。

2. 符号

符号类非语言交际包括使用图片、标识、服饰、色彩、气味、信号等来传递信息。建筑、动物、花卉、国旗等图片可以作为文化符号。如今人们使用微博、微信等互联网交际方式，也可以通过使用各种表情符号、动画符号等非语言交际方式进行信息传递或情感交流。

生活中我们常用的一些标识和符号，例如，禁止吸烟、禁止拨打电话（加油站、飞机机舱内、考场内）等，上面虽然没有文字，但是却和文字一样可以传递信息。标识所传递的信息在社会功能中非常重要，如残疾人专用的卫生间、停车位、电梯等标识，当正常人看到这些标志时是不会去使用的，因为我们要保护残疾人的利益。

另外，道路上设立的交通标识，如禁止机动车通行、禁止左转、禁止掉头、禁止停车等，是为了提醒驾驶员行车时要遵守交通规则，确保交通安全。

商业上使用的企业标识（logo）可以使更多消费者和用户了解公司和他们的产品。例如，国际知名公司苹果、奥迪、大众、耐克等都有自己公司的标识和品牌标识。

着装和服饰可以反映出一个人的文化背景、时代背景、身份、地位等个人信息，不同民族、不同时代、不同品牌和不同风格的服饰分别传达不同的文化信息和个人信息。

色彩也属于非语言，人们通常把色彩分为两类，一类是暖色调（红色、黄色、绿色等），另一类是冷色调（灰色、黑色、棕色等）。有专家研究认为色调与人的性格有关，色调会影响人的情绪和心情。例如，麦当劳餐厅的主色调最初使用的是红色，因为红色会令人兴奋和激动，同时也会使人焦躁不安，这样就可以达到催促顾客快速用餐，早点儿离开的目的。

咖啡馆则恰恰相反，他们通常使用冷色调，因为冷色调给人以沉着、安定的感觉。另外，有研究表明色调与性格也存在一定的联系，例如，性格开朗的人一般比较喜欢暖色调，属于领导型的人才，而内向沉稳的人往往比较喜欢冷色调，他们大多属于追随者。

香水也是一种非语言，我们可以通过一个人身上使用的香水来判断这个人的身份、品位和文化背景。俗话说“闻香识女人”就是这个道理。

3. 时间和空间

不同文化的人在时间观念上存在很大的差异。一般来讲，欧美国家人们的时间观念相对比较强，而一些非洲国家，尤其是在一些古老部落中，他们的时间观念比较弱，他们甚至没有“时间”这个词，对他们而言，时间的先后是要依据事件发生的先后顺序来确定的。

中西方人的距离感也存在很大差异。距离感包括个人距离、社交距离和公众距离等。

4. 副语言

社交话语中的音质、音频、音量、语速、语气等都可以传达情感。如高亢、洪亮的声音充满了激情，娓娓道来的声音充满了爱意和温馨。音量的大小、语速的快慢、语气的轻重反映出说话人的态度。

如何通过非语言符号判断一个人的身份、地位或文化背景？我们可以通过一些非语言符号，如汽车、手机、着装、配饰等能都传达一定的信息。同时，与场合适配的着装、配饰、首饰也可以传达信息。

脸书的创始人扎克伯格平时生活非常低调，在人群中人们几乎看不出他是一位亿万富翁。相反，有些人喜欢在网上炫富，由此造成了不良的社会影响。郭美美事件就是一个典型案例。由此可见，非语言交际与语言交际同等重要，非语言信息同样能够传达一个人的文化背景和身份信息。

第二节　体态语差异

视频文本

一、身势（见面礼仪）

1. 握手

握手礼节是人们从事商务和政务活动见面时的常规礼节。符合礼仪的做法是伸出右手，虎口相对，同时注视对方的眼睛，有力但不能握痛，大约持续三秒，或摇晃两三下，开始和结束要干净利落，避免在介绍过程中一直握着对方的手。握手的顺序应由主人、年长者、身份职位高者和女子先伸手；客人、年轻者、身份职位低者和男士应先问候对方，待对方伸手后再握。

2. 鞠躬

鞠躬是日本人见面相互问候的一种见面礼，也是中国、韩国、朝鲜等东方国家普遍使用的一种表示敬意的礼节，可以表示问候、欢迎、谢意、敬意、歉意和祭拜等。

3. 拥抱、贴面

拥抱和贴面常见于一些西方国家的见面礼节，例如，法国人和德国人在商务和政务活动中常用这种礼节，也是亲人、朋友、情人之间表示爱意的肢体语言。

4. 合十礼

常见于东南亚及南亚信奉佛教的国家，如泰国等，人们见面打招呼时常用合十礼。

5. 碰鼻礼

碰鼻礼是新西兰土著毛利人保留下来的一种远古独特的见面问候方式。2014 年 11 月中国国家主席习近平与夫人彭丽媛访问新西兰，曾用碰鼻礼向当地人民表示问候。

6. 点头与摇头

与大多数国家所表示的意义不同，在印度，人们用摇头表示“Yes”，用点头表示“No”。

二、手势

1. 常用手势语介绍

常用手势如图 5-1 ~ 图 5-9 所示。

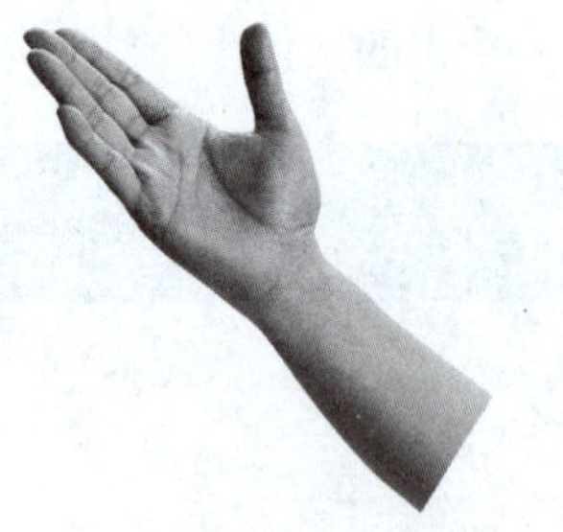

图 5-1　请

图 5-2　请安静

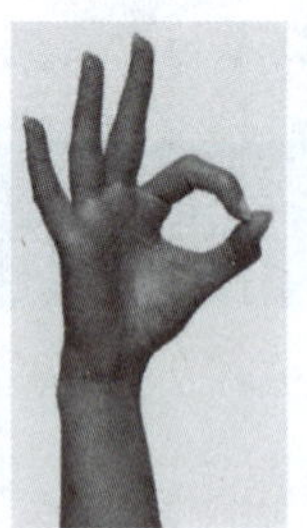

图 5-3　OK

图 5-4　胜利

图 5-5　爱心

图 5-6　赞扬

图 5-7　祝贺

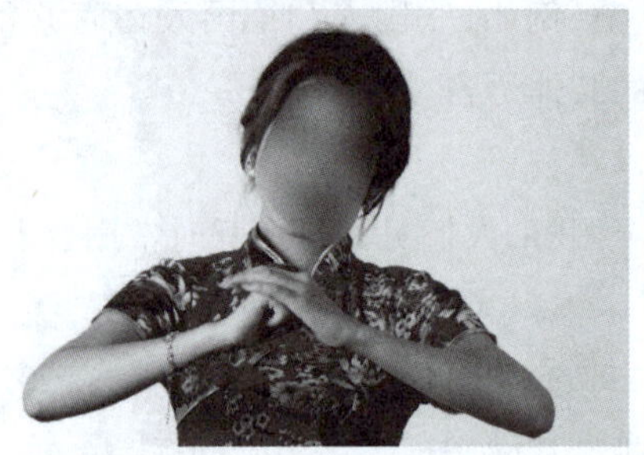

图 5-8　恭喜发财

图 5-9　祝你好运

2. 招呼不同对象过来会使用不同手势

招呼成年人过来——手心向上；中国人招呼孩子——手心向下；西方人招呼宠物——手心向下；招呼服务生过来——竖起食指向上摇晃。

3. 同一个手势具有不同的含义

在多数国家的文化中，竖起大拇指一般表示称赞，但是在泰国竖起大拇指则表示“我恨你”的意思。“OK”手势的含义也存在很大的文化差异。在多数国家“OK”手势表示“很好、准备就绪”，但是在日本表示“钱”，在法国表示“零”，在巴西表示“粗鲁的”，在德国表示“性挑衅”等。

有一个很有趣的例子说的是一家美国人到法国去度假，他们在餐厅用餐，一位法国女服务生为他们提供了很好的服务。在结账的时候餐厅经理向他们询问就餐的感受以及对服务员的服务是否满意，这位美国人伸出手做了一个“OK”手势，他是想表达“很好，非常满意”，不料法国女服务员看到这个动作却非常生气，美国客人不明白这是为什么，后经人解释才知道“OK”这个手势在法国是表示“零”，并没有称赞的意思。由此可见，同一个手势在不同的文化中是有很大差异的，如果不了解这些手势的文化差异就会造成很多误会，甚至还会冒犯他人。

4. 手势语的禁忌

江苏卫视电视节目《世界青年说》中有一段视频，视频中来自十一位不同国家的青年解释了不同国家手势语的含义以及使用手势语的一些禁忌。在使用非语言交际时，务必要注意不同国家之间的文化差异，否则会导致交际失误或者中断交际。

三、目光

莎士比亚曾经说过“从一个女人的眼睛、脸颊和嘴唇上可以读懂她的语言”。人们常说“眼睛是心灵的窗户”。这些都表明通过目光交流可以读懂一个人的内心世界和他的情感。

东方人不习惯用目光与对方交流，这与东方内敛、含蓄等传统文化有关。例如，日本女性在与别人交流时习惯于看自己的脚尖，据说这是因为日本孩子从小是在妈妈背上长大的，他们从小就缺乏与母亲的目光交流。

西方人喜欢用目光与对方进行交流，这意味着你对别人的谈话很专注，能够产生互动，也是对对方的尊重等。

因此，在与欧美国家的人进行交流时，要特别注意学会用目光与人交流，否则会引起对方误会，他们会认为你对他们缺乏应有的尊重，或是对他们所谈论的话题不感兴趣，从而导致交际失败。在现实生活中，如参加面试、外企招聘等，一定要记住目光交流的重要性。

总之，东西方不仅在语言交际中存在差异，在非语言交际中同样也存在差异。只有了解这些差异，我们在从事跨文化交际时才能避免失误和误会，才能保证交际的顺利进行。

第三节 符号差异

视频文本

在非语言交际中人们除了大量使用身势语和手势语之外，还大量使用符号（如标识、国旗、动物、标志性建筑、服饰等）和信号（如信号弹、信号灯、旗帜、火、烟雾、镜子、颜色等）。

一、动物

一般来讲，不同国家都有各自属于自己文化的代表性动物。例如，大熊猫经常被我们国家当作珍贵礼物赠送给其他国家；龙是中国的图腾。下面我们一起来认识一些国家的动物符号。

泰国——亚洲大象；

韩国——喜鹊；

印度——蓝孔雀、牛（神灵，不可冒犯）；

英国——狮子；

澳大利亚——袋鼠、考拉；

美国——白头海雕；

加拿大——海狸、熊、麋鹿；

俄罗斯——棕熊。

二、服饰

不同服饰代表不同地域、民族和文化背景等。例如：

旗袍、唐装——中国；

和服——日本；

韩服——韩国；

纱丽——印度女性；

花格裙子——苏格兰男性民族服饰；

西服套装、燕尾服、长裙等——西方国家。

三、信号

信号也是非语言交际的重要组成部分。网上曾经一度流行的“航母 style”，其实不是一个舞蹈动作，而是航母上的工作人员给航母飞行员发出的起飞信号。早期的火车司机就是通过红旗和绿旗信号进行停车和启动操作的。在野外使用镜子反射太阳光发出的求救信号可以传递位置信息。另外，信号弹、烽火、灯塔等都是用来传递信息的非语言交际。

四、色彩

不同文化对色彩内涵的解读有很大差异。

红色是中国的主色调，它象征着幸福、吉祥、好运、成功、革命等。例如，中国的婚礼、春节、重大庆典活动都会用红色作为主色调。黄色是中国古代皇帝的御用颜色，代表着皇权。但是在墨西哥红色则表示符咒，黄色则表示死亡。中国人忌讳“戴绿帽子”一词，而英语中绿色有“稚嫩、没有经验和妒忌”的意思，例如，green hand“新手”，green eyes“眼红”等。西方人喜欢白色，因为白色意为纯洁，例如，新娘穿的婚纱就是白色的。但是在许多亚洲国家白色代表死亡，如中国人在葬礼时要披麻戴孝(穿戴白色衣服、戴白色帽子)。英国的贵族色彩为紫色,如同古代中国皇帝和皇室用的黄色一样,是皇室的色彩;而墨西哥人则认为紫色是不吉利的颜色,所以他们忌讳穿紫色衣服。

不同国家和文化对颜色存在禁忌。在意大利去看歌剧时不能穿紫色的衣服,在法国不可以穿绿色的衣服,在西班牙不可以穿黄色的衣服。黑色也是许多亚洲国家忌讳的颜色,多在葬礼穿着。

另外,色彩也能够传达人的心情,例如,在英语国家蓝色代表忧伤和忧郁,粉色代表快乐,白色代表诚实,棕色代表心情沉重,绿色代表幼稚或嫉妒,红色代表愤怒等。

生活中有很多场合,人们并非使用语言来表达情感或传递信息。因此了解中西方非语言交际中存在的文化差异有助于我们避免跨文化交际失误。

第四节　距离差异

视频文本

一、身体距离

不同文化背景的人对身体距离的要求是不同的。例如,英国人一般不喜欢在交谈时与对方的身体靠得太近,而美国人则喜欢与对方保持较近的距离以表示友好、亲近。所以了解中西方身体距离之间的差异在跨文化交际时是非常必要的。

人们该如何确定身体距离呢?

身体距离是根据交际者双方关系的亲疏程度以及社交场合来确定的。以美国人的距离感为例,身体距离可以划分为以下几种:

1. 亲密距离(0～0.3 m)

用于夫妻、父母与孩子之间,用来传达感情和身体的舒适度以及分享秘密和亲密信息。

2. 个人距离(0.3～1.2 m)

用于朋友、熟人和亲戚之间在休闲谈话时保持距离。

3. 社交距离(1.2～3.6 m)

用于与同事、朋友或生意伙伴非私人之间的交流,即社交场合应保持的距离。

4. 公众距离(3.6 m 或以上)

适用于各种公共场合与人保持的距离,如公共演讲和课堂讲座等。

二、身体接触

不同文化背景的人对于身体接触同样存在着文化差异。中国人一般允许同性之间有身体接触。

他们认为同性之间如果有手挽手或者搭肩这样亲密的身体接触是正常的。同样，同性之间在宾馆开房同住一个房间也属正常现象。但是，西方人认为即使是同性之间也不应该有过分亲密的动作，同性一般不在宾馆同住一个房间，因为这样做可能被视为是同性恋。

在东方文化中，除了恋人或配偶之外，异性之间不能有身体接触，更不能在公众场合有身体接触，否则会被视为不道德行为，从而受到社会舆论的谴责。西方人认为异性之间有身体接触属于正常，而同性之间如果有亲密的身体接触则不能接受。

资源共享

一、精彩图片

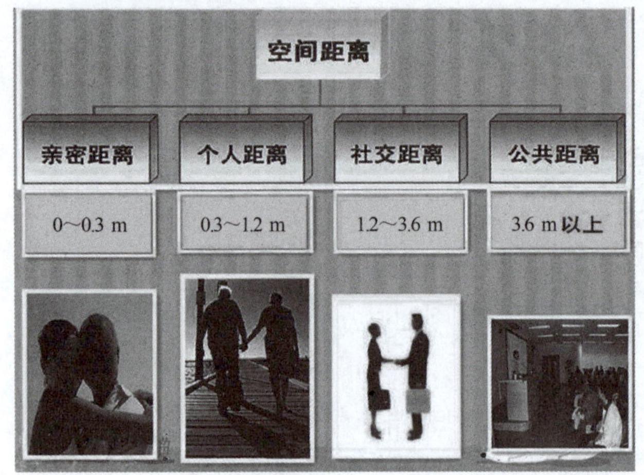

非语言——距离感

非语言——手势

生活中的标识与符号

二、图书推荐

[1] 豪格. 文化差异(文化研究丛书)[M]. 杨俊杰,译. 开封:河南大学出版社,2017.

[2] 戴维斯. 中西文化之鉴:跨文化交际教程[M]. 北京:外语教学与研究出版社,2001.

三、视频推荐

电影《刮痧》。

本章测试

一、判断题

请判断下列句子是对还是错。

1. 在互联网时代,社交媒体中的各种表情符号、动画等,可以用来进行语言交际。(　　)

   A. 对　　　　B. 错

2. 非语言交际在社交场合中是明显存在的,因此人与人之间的距离远近不属于非语言交际的范畴。(　　)

   A. 对　　　　B. 错

3. 非语言交际往往利用体态语传递信息,利用符号、信号、距离和时间等非语言手段传递信息,利用声音的高低传递语气、态度等情感信息。(　　)

   A. 对　　　　B. 错

4. 一个人的“言谈、举止、配饰、着装”,其中只有“言谈”属于语言交际范畴,其余都属于非语言交际范畴。(　　)

   A. 对　　　　B. 错

5. 如果美国人和英国人在一起交谈,英国人有时会向后退以保持一定的距离,是因为英国人一向绅士冷静而美国人开放热情。(　　)

   A. 对　　　　B. 错

6. 在商务和政务见面时,握手时间越长,握的越紧,越能表达出热情和真诚。(　　)

   A. 对　　　　B. 错

7. 拥抱和亲吻不适合用于政务见面。(　　)

   A. 对　　　　B. 错

8. 不同国家之间手势语禁忌差别很大,我们应该学习了解。(　　)

   A. 对　　　　B. 错

9. 在与世界所有国家的人交际时一定要注意使用你的目光与人交流,否则他们会认为你对他不尊重,或者是对他们所谈论的话题不感兴趣。(　　)

   A. 对　　　　B. 错

10. 点头、摇头、OK 手势等因其简单明了,基本可以通用。(　　)

A. 对　　B. 错

二、选择题(单选或多选)

请在下列A、B、C、D选项中选择一个或多个正确答案。

1. 在公务接待时,公务用车中最重要的客人应该安排坐在(　　)位置。

A. 副驾驶座　　B. 后排左座

C. 后排右座　　D. 都可以

2. 在参加涉外和出访活动时,为了体现自己的文化背景和民族身份最好身着代表自己民族文化的服饰。(　　)出现了搭配错误。

A. 英国人穿燕尾服　　B. 韩国人穿汉服

C. 日本人穿和服　　D. 印度人穿纱丽

3. 副语言能反映出说话人的态度,下列不属于副语言的是(　　)。

A. 音量的大小　　B. 语速的快慢

C. 语气的轻重　　D. 鞠躬

4. (　　)是中国、日本、韩国、朝鲜等东方国家传统的、普遍使用的一种礼节,可以用来表示问候、欢迎、谢意、敬意、歉意和祭拜。

A. 拥抱　　B. 鞠躬

C. 握手　　D. 亲吻

5. 标识并没有使用文字,但是信息依然可以得到传递,(　　)不属于交通标识。

A. 禁止　　B. 掉头

C. 禁烟　　D. 限速

6. 在东方国家,从一个人的(　　)就可以辨别出他的权力高低和社会地位。

A. 就餐和乘车时的位置　　B. 职务

C. 年龄　　D. 贡献

7. (　　)需要根据交际者双方的国别、文化、关系亲疏以及不同的场合来决定。

A. 手势语言　　B. 身体距离

C. 目光交流　　D. 服饰色彩

8. 在非语言交际中,东方许多国家和文化对于身体接触有着自己的理解。(　　)的行为是可以接受的。

A. 同性之间身体接触　　B. 同性朋友共享一个房间

C. 异性在公众场合身体接触　　D. 女性挽手

9. (　　)等各种标识和符号在日常生活中大量存在,起到重要的传达信息的作用。

A. 企业标识　　B. 目光交流

C. 国旗　　D. 餐厅配色

10. 了解(　　)的内涵语言有助于我们在跨文化交际时避免产生矛盾冲突,从而成功实现跨文化交际。

A. 动物　　B. 手势　　C. 花卉　　D. 色彩

三、思考题

1. 非语言交际与语言交际相比，有哪些优势和劣势？请举例说明。

2. 请问不同国家的人们在使用非语言交际时存在差异吗？怎样才能避免非语言差异导致的交际失败？

第六章 跨文化交际障碍

第一节 语言障碍

视频文本

在全球联系不断增强，跨文化交流活动日趋频繁的今天，如何扫清跨文化交际障碍从而保证交际活动的顺利进行是人们亟须关注的问题。因此，为了扫清跨文化交际障碍，首先，必须要明晰导致跨文化交际障碍的因素。众所周知，语言是交际活动的载体和工具，因此语言障碍无疑是导致跨文化交际失败的一个重要因素。在国际交往中，语音障碍、词汇障碍、习语差异和修辞差异则又是构成语言障碍的四个重要因素。

一、语音障碍

随着互联网科技的发展，英语逐渐成为一门国际交流语言，无论是在英国、美国等英语为母语的国家，还是在其他英语为外语的任何一个国家或地区，人们往往会听到不同国家的人在讲英语时带有不同的口音。在从事跨文化交际活动时，尤其是在国际商务活动中，交际者一般很难听到像 BBC 英式英语或是 VOA 美式英语那样地道标准的英语，这就加大了交际者的理解难度，从而使交际中断，导致交际失败。

例如，印度人说英语时经常把“p”发成“b”的音，听起来会让人们觉得非常奇怪。因此，当交际者一旦习惯了标准的发音，在听到带有口音的发音时，就难以听懂了。

笔者在美国佛罗里达大学做访问学者时，曾遇到一位路人向她询问附近哪里有饭店，结果她听了许多遍，才明白对方的意思，原因是问路人将“restaurant”（餐厅）读成了“hestaurant”。由此可见，语音会造成交际者日常交际中的听力障碍。

同样，外国人在学习中文时，他们也会遇到汉语四声的问题，他们很难把汉语的四声发得非常标准。例如，中国有一部名为《涉外保姆》的电视剧，其中一位外国人告诉他家的中国保姆说他买了一套“新西服”，结果保姆听成他刚买了一个“新媳妇”，直到他打开衣柜拿出他买的西服，保姆才明白他的意思。有一天这位外国人想对他的保姆说“我们一起下楼梯”，结果由于他发音不标准，说成了“我们一起下裸体”。保姆听完后勃然大怒，以为这位外国人想调戏她，直到这位外国人给他解释清楚了，保姆才捧腹大笑，原来是因为这位外国人发音有误，差点儿闹出误会。

由此可见，语音障碍是导致跨文化交际失败的语言障碍之一。

二、词汇障碍

1. 一词多义

依据经验，交际者不难发现，无论是汉语，还是英语，都存在一词多义的现象。我们曾为大家介绍过汉语中“方便”和“意思”两个词在不同语境中的词义。下面我们来了解一下英语中一词多义的词语。例如，“observe”这个单词，交际者听到这个单词时的第一反应可能是“观察”的意思。但是，“observe”在不同语境中还有其他意思。

例 1，上化学课的时候，老师会强调：“When you do the chemistry experiment, you should *observe* the reaction carefully.”（你们在做化学实验时，要仔细观察化学反应。）

例 2，在学校，学生会说：“Prof. Smith, may I *observe* your class on Tuesday?”（史密斯教授，周二我可以去您班上听课吗？）所以，“observe”还有“听课”“旁听”的意思。

例 3，假如一位警察把行人或司机拦下，警察会说：“You should *observe* the traffic rules.”（你应该遵守交通规则）。“observe”还有“遵守”的意思。

例 4，假如有朋友说：“I will throw a birthday party to *observe* my 18th birthday. Will you come?”（我要举办一场生日晚会庆祝我的 18 岁，你会来吗？）在此语境中“observe”又有“庆祝”的意思。因此，语言的接受者不能把这里的“observe”直译为“观察生日”。

2. 词语内涵差异

造成第二种词汇障碍的是中西方词语内涵差异。由于不同文化的词语往往会被赋予不同的内涵，交际者如果不了解一个国家的文化，就很难正确理解词语所代表的真正含义。

在不同文化中，动物有不同的代表性含义。例如，中国人特别喜欢喜鹊，而不喜欢乌鸦和猫头鹰，因为中国有“喜鹊喳喳叫，好事要来到”的俗语。中国人认为喜鹊会给人带来好运，是一种吉祥鸟；而乌鸦和猫头鹰则会招致厄运，是不祥的象征。中国人一旦听到乌鸦或猫头鹰鸣叫，就会认为自己要交霉运了。

在美国，人们认为白头鹰是吉祥鸟，而黑猫是不祥之物。笔者在美国黄石公园游览时，碰巧看到树上有只白头鹰，导游兴奋地说，“今天全车的游客要交好运了”，大家听后都激动不已。美国人认为出门碰到黑猫是一件很不吉利的事，如果他们出门遇到黑猫往往会选择闭门不出，以免惨遭厄运。

另外，中西方对花卉的含义也存在不同的理解。以百合花为例，在中国，百合有“百年好合”的意思，所以，中国人喜欢为新婚夫妇送上一束百合，寓意为“百年好合”，祝福新人“白头到老”。但是，在美国，百合却象征着“死亡”，相当于中国的菊花，是人们扫墓或是参加葬礼时所携带的特定用花。如果交际者不了解这一点，而给自己的美国外教送一束百合花，往往会造成误会，给对方带来不悦的情绪。

在中国，荷花象征“清廉”，寓意“出淤泥而不染”。牡丹，象征着富贵，“雍容华贵”和“富贵荣华”。梅花常用来比拟“坚韧不屈”的精神。但是，在英文语境中，它们却没有相应的词语内涵。所以，交际者一定要正确了解花卉在不同地域所代表的不同内涵，以确保交际能够顺利进行。

3. 图示差异

所谓“图示”，是指当交际者听到或是看到一个词语时，脑海中形成的图形或者画面以及与之相对应的词义。值得注意的是，中西方在图示方面存在着巨大的差异。

例如，当中国人看到“龙”的图案时，往往会感到非常自豪，因为“龙”被视为中国的图腾，中国人认为自己是“龙的传人”。但是，在英语语境中，西方人却认为龙是“邪恶”的化身。例如，对于“She is a real dragon. You'd better keep away from her.”这句话不能直译为“她是一条龙，你应该离她远点儿。”而应该译为“她是只母老虎，最好离她远点儿，别惹她。”

还有“熊”这个词，在中文语境中“熊”代表着“蠢笨”“窝囊”等贬义的词语内涵。例如，人们在形容一个人很笨拙时会说，“瞧你笨得跟狗熊似的”。另外，在股市中人们喜欢看到“牛市”，而不愿意看到“熊市”。在中国，人们对于一些不服管教的孩子称他们为“熊孩子”。总而言之，“熊”在中国人的图示概念中并非褒义。

然而，在英语中，“熊”却代表着“聪明”“伶俐”等积极含义。例如，“He is a bear at mathematics.”交际者不能把它简单理解为“他是数学方面的一只狗熊”。因为在中文语境中，如果说某人数学方面像一只熊，意思是指一个人的数学能力很差。但是，在英语语境中，这句话应该译为“他是数学天才”。

“狗”是我们大家非常熟悉的一个动物。在英语文化中，人们把狗视为人类最好的朋友。因此，英语中与“狗”相关的词语基本上都是褒义词。

例如，“Love me, love my dog.”（爱屋及乌）；“Every dog has its day.”（凡人皆有得意时）；“a lucky dog”（幸运儿）等。然而在汉语中，“狗”却带有诸多贬义色彩。汉语中的四字成语、谚语和俗语中，几乎所有带有“狗”字的词语皆是贬义词。譬如，“狗急跳墙”“狗头军师”“狗血喷头”“狗仗人势”“狗眼看人低”“狗拿耗子多管闲事”“狗嘴里吐不出象牙”“狗咬吕洞宾，不识好人心”等。

“鱼”（Fish）在汉英词语内涵方面也存在着很大差异。在汉语中，人们经常用“水中捞月”来形容做某事是徒劳无益的，而英语中却用“fish in the air”。此外，形容一个人特别可怜，中国人经常会说“你简直就是一条可怜虫”，而英语中人们则会说“You are a poor fish.”。英语中“a loose fish”不是指“一条松散的鱼”，其真实意思是指“放荡不羁者”。因此，交际者在学习外语时，不能简单地按照字面意思去理解和翻译,否则就会出现理解失误和交际失误。

再如,中西方对于“房子”的图示概念也存在着明显差异。中国人通常认为凡是可供人们居住的居所都可以称之为“房子”。例如,公寓、平房在中国都可以称作“房子”。然而,在英语图示中,房子指的是带有花园、游泳池或者车库的独立式住房。因此,在不同文化中,人们对于“房子”的图示概念是截然不同的。若不了解中西方在图示概念上的差异,在跨文化交际时会导致理解上的偏差,从而导致交际误会。

综上所述,要扫清跨文化交际中的语言障碍,交际者首先要清除语音障碍,即了解不同国家的英语口音,尤其是在国际商务活动中;其次,要克服词汇障碍,交际者不仅要掌握词汇的字面意思,而且要了解它们特有的文化含义,这样才能保证交际者顺利进行跨文化交际。

视频文本

三、习语差异

习语包括固定词组、俗语、谚语、引语以及格言等。

由于中西方的地域、历史、宗教、习俗等存在差异,因此他们的习语表达方式也存在巨大差异。在诸多影视作品中,人们能够更直观地感受到不同国家人们使用的习语或俚语是不同的。

在跨文化交际过程中,除了词汇匮乏会影响人们正常的交际之外,还有习语理解所造成的障碍。有时交际者对一个句子中的每个单词都认识,但是却不理解句子所要表达的意思,这是因为习语所表达的含义是不能按字面意思理解的,每一个成语后面都有一个历史故事。

例1,“I am deep in the soup now.”,不能按照字面意思理解为“我掉在汤中了”。它的正确意思是“我陷在麻烦(困境)中了”。

例2,“I am under the weather today.”这句话并不是“我在天气之下”的意思,而是“我今天生病了,感觉不舒服”。

例3,“It's too dear to me.”这句话不能直译为“这个东西对我来说是亲爱的”,而是“这个东西对我来说太贵了”。

例4,“It cost me an arm and a leg.”不能简单理解成“这个东西花了我一只胳膊和一条腿”。这句话实际上是形容“东西太贵了”。

例5,“It rains cats and dogs.”不是说“天上下着猫和狗”,而是指“下起瓢泼大雨”的意思。

例6,“It's no use crying over spilt milk.”这句话的字面意思是“对着洒掉的牛奶哭泣是徒劳无益的”,汉语习惯表达为“覆水难收”。

另外，当交际者听到有人讲“four - lettered words/blue words”时，人们不能按字面意思理解为“四字词，四字成语”和“蓝颜色的话”，而应理解为“下流话，脏话”，相当于汉语当中的“黄段子”。在一些英美国家，人们经常会提到“yellow page”，我们不能把它理解为“黄色的书刊”，它实际指的是我们常用的“黄页(电话簿)”。

同样，一些出生在英美国家的华裔后代，也许他们能听懂一些日常汉语用语，但是在实际交流过程中，他们一旦接触到一些汉语成语、谚语、格言或俚语时，往往会变得困惑不解。例如，像“借花献佛”“考前临时抱佛脚”等这类俗语对他们来说可能很难正确体味其中包含的含义。

另外，在中国，语言表述者如果想从某人处得知事情真相时，往往会说：“今天你要把事情的经过一五一十地告诉我。”或者说“一是一，二是二”。这类句子看似非常简单，但如果交际者不了解中国文化，不了解这些习语的出处和背后的历史典故，就很容易出现理解上的偏差，甚至是错误，从而影响交际。

1. 习语的三个特征

习语一般具有三个特点，即“语言整体性”“结构凝固性”和“不可替代性”。同汉语成语一样，英语成语中的单词同样是不可随意替代或是调换位置的。

英语中有许多与“Dutch”相关的习语。例如，人们经常使用“go Dutch”，意思是“各付各的钱(AA 制)”。如果外出吃饭有人说“Let's go Dutch, shall we?”意思就是“我们 AA 制，好吗?”。再如，“in Dutch”不能想当然地把它译为“在荷兰”，其实它指的是“失欢，得罪上司”的意思。“Dutch uncle”也不是“荷兰大叔”，而是指“唠哩唠叨的人”。工作中没有人希望自己的老板是一位“Dutch uncle”。此外，“Dutch courage”指的是“酒后之勇，一时的虚勇”。

由此可见，一个国家的习语和俚语是与它的历史文化息息相关的。正如“Go Dutch”这个习语源于英国与荷兰之间爆发的一场战争。早在 17 世纪末，英、荷两国为争夺海上霸权而发生了一场战争。当时，两国势不两立，英国人对荷兰人极其地蔑视，英国人认为荷兰人非常吝啬，所以他们就用“Go Dutch”一词来形容在外出用餐时，荷兰人是不会为同伴买单的，以此来羞辱荷兰人。

汉语成语亦是如此。汉语中的成语主要来源于浩如烟海的中国经传典籍、寓言故事和神话传说。例如，“破釜沉舟”源自《史记・项羽本纪》，“守株待兔”“叶公好龙”“东施效颦”等成语也都来源于历史故事。

此外，一些电视节目也为大家学习和了解中国成语提供了巨大帮助，例如，河南电视台曾经播出过一个栏目叫作《成语英雄》，中央电视台也曾播出过《中国成语大会》等节目。从这些节目中，我们可以学到很多中国成语典故的出处以及如何正确使用这些成语的相关知识。

2. 汉英习语差异

在翻译和使用汉英习语时，语言交际者一定要考虑中西方之间存在的文化差异，不可以将两种不同语言的习语进行逐字逐句的对应翻译。例如，在中国，人们在劝说失恋的人时，经常会说“天涯何处无芳草”，但在英语中却表达为“There are a lot of fish in the pond.”(池塘里有许多鱼。)。另外，在汉语中人们表达某事绝对不可能发生时会说，“除非太阳从西边出来”。在英语中，却会表述为“Unless pigs can fly.”(除非猪会飞。)。另外，汉语中常用的一句俗语叫“巧妇难为无米之炊”，而英语的表达则是“You cannot make an omelet without breaking eggs.”(不把鸡蛋打碎就无法做鸡蛋饼。)

其实，认真思考汉英两种表达，语言交际者会发现，虽然两者的表达形式存在差异，但表达的意义却有着异曲同工之效,皆意在表述“做任何事情都不能脱离基本的原料,否则是很难成功的”。此外,中文习语“鱼和熊掌不可兼得”表示只能选择其一,而英语则用“You cannot have an apple and an orange at the same time.”因此,对于汉英习语的翻译切忌逐字逐词的翻译,否则很难做到符合目标语言的语言表述习惯,从而造成语言交际的失败。

四、修辞差异

由于中西方文化存在认知差异,因此汉英语言在修辞使用上也存在差异。例如,英文“be born with a silver spoon in one's mouth”,意思是“出身名门”(be born in a very wealthy family),就像《红楼梦》中的贾宝玉含玉而诞一样。

1. 明喻(Simile)

在众多修辞手法中,明喻的使用频率最高。

下面我们就英汉明喻修辞上存在的差异进行对比:

例1,英文习语“as poor as a church mouse”意为“一贫如洗”。因为在西方,教堂一般被视为清廉的机构,因此,生活在教堂里的老鼠很难觅到食物,所以常用该习语表达“赤贫”的状态。

例2,英文习语“eat like a horse”意为“贪吃”,而汉语中则习惯用“像猪一样贪吃”来表述相近的意思。

例3,英文习语“as strong as a horse”常用以形容某人身体强健,而汉语中却有“壮得像头牛”的表达。

例4,英文习语“like a cat on hot bricks”与中文“热锅上的蚂蚁”意思相同。

例5,英语习语“as faithful as a dog”表示“忠诚”,而汉语则有“某人像条走狗”的意思,带有明显的贬义色彩。

例6,英文习语“work as hard as a dog”表示“勤奋”,汉语则用“勤勤恳恳像头老黄牛”来表述。

例7,英文习语“as timid as a rabbit/chicken hearted/pigeon hearted”表达“胆小、怯懦”,汉语中则用“胆小如鼠”来表达。

例8,英文中形容人“精明”常用“as wise as an owl”,因为猫头鹰在西方是智慧的象征。汉语则习惯用“精明的像个猴子”来表达。

例9,英语习语“as proud as a peacock”用于形容一个人很骄傲,汉语中则用“骄傲得像个公主”来表达。

例10,英语习语“as stubborn as mule(骡子)”用于形容人的“倔强”,汉语中则惯用“倔得像头驴”来表示此意。

例11,英文“spring up like a mushroom”意为某事物的迅速涌现,汉语中则用“如雨后春笋”来表达新事物的迅猛发展。因此,通过上述中英例子的对比,不难看出:由于认知方面存在的差异,中西方在表达习惯上,特别是在比喻用词上,会存在着一定的差异。

2. 暗喻(Metaphor)

暗喻是指省略掉as、like等比喻词的比喻句。例如,某人在学外语时感觉非常吃力,他可能会用“It is Greek/Chinese to me.”来表示这种语言很难理解。

3. 借代、转喻(Metonymy)

借代是指用某个代表性的人物或某件典型的事件来替代整类人或整类事物的修辞手法。例如，中国历史上智者的化身“诸葛亮”常常被用来指代足智多谋的一类人。在英语国家文化中，所罗门(Solomon)(古代以色列的第三任国王，大卫的儿子)则被用来作为智者的象征。再如，“滑铁卢战役”(历史上导致拿破仑帝国覆灭的著名战役)经常用来喻指人生中经历的惨败。此外，“Uncle Sam”(山姆大叔)常被用来意指“the United States”(美国)；“Big Apple”则用以指代“New York”(纽约市)等。

4. 双关语(Pun)

双关是指以运用词语多义或谐音的方式来营造幽默诙谐语言效果的语言现象。在汉英语言中，皆存在双关修辞的广泛运用。例如，在英文句子“Don't *lie* there.”中，“lie”为双关语，因为单词“lie”既有“撒谎”的意思，又有“躺”的意思。再如，在句子“Seven days without water makes one *weak*. (*week*)”中，“weak”和“week”在英文中为同音词，所以构成了双关用法。在汉语中，双关修辞运用也很常见。例如，某药材的广告语：“药材好，药才好。”“材”与“才”为同音词，故为双关语。

因此，对于语言学习，语言学习者不仅要掌握词汇的发音和词义，还要熟悉不同的口音和表达；不仅要掌握词汇的表面意思，还应该了解和掌握更多与文化相关的词语内涵和习语。对此，观看影视作品不失为良好的学习方式。学习者可以借此有效和直观地了解相关的习语及文化，达到熟练掌握语言以及顺畅交际的目的。

第二节 文化障碍

视频文本

一、习俗差异

1. 婚俗差异

1)中国的传统婚俗

中国人特别注重结婚日期的选择。按照中国的传统习俗，新人结婚一定要选择一个“黄道吉日”举行婚礼，双方家长一般会选择阴历和阳历皆为吉利数字的日子，如带有“6”“8”或者“9”的日子，阴历和阳历皆为双数，寓意为“成双成对”“天长地久”。另外，他们还要看黄历上是否是“宜嫁或宜娶”的日子。

在中国传统婚俗中,人们同样注重服装和道具的选择。如迎接新娘时要用轿子、新郎父母要准备彩礼、新娘要穿红色服装和红盖头等。

中国人特别喜欢举行隆重热闹的结婚仪式。仪式上新郎、新娘要举行叩拜礼仪:"一拜天地、二拜高堂、夫妻对拜"。有些地方新娘有"跨火盆"的习俗,象征新婚夫妻将开启红红火火的新生活。婚礼仪式结束后,有一个重要的环节是新婚夫妇"入洞房",这些活动特别能烘托热闹喜庆的新婚氛围。洞房的布置通常也有一些习俗,例如,在新婚夫妇的床上新郎父母会放一些大枣、花生、桂圆、莲子来压床,寓意是祝新婚夫妇"早生贵子""多子多福"。

婚礼结束后,新郎父母要举办婚宴来招待参加婚礼的亲朋好友,街坊邻里。晚上新郎的朋友会去"闹洞房"。

值得注意的是,近年来,由于中西文化交流的日渐频繁,西方婚礼习俗在中国悄然流行。譬如:新娘开始身着白色婚纱举行婚礼;越来越多的中国新婚夫妇选择到别具异域风情的国外去度蜜月,如巴厘岛、塞班岛、马尔代夫、爱琴海等。

2)西方的婚礼习俗

西方婚礼一般会在教堂举行,由牧师主持。牧师会手捧《圣经》庄重地宣读结婚誓词。在欢快的婚礼进行曲鸣奏声中,身着白色婚纱的新娘由父亲挽着胳膊缓缓步入婚礼殿堂。然后由新娘的父亲将新娘交到身着西服或燕尾服的新郎手中。此外,婚礼上也会有伴郎、伴娘、小花童等陪伴新郎新娘完成交换戒指、抛掷捧花等活动。待仪式完毕后,一般会有拍照留念、舞会、用餐等轻松愉悦的社交活动。

著名的英国威廉王子与凯特王妃的婚礼是西方极具代表性的盛大婚礼。婚礼仪式在极负盛名的伦敦威斯敏斯特教堂隆重举行,引起世界各国的关注。

知识链接

美国的传统婚俗

在美国的传统婚礼上,新娘一般会穿戴四件物品,即戴一件旧物、戴一件新物、戴一件蓝色物品、戴一件借来的物品。美国经典口语教材《走遍美国》中 Susan 与 Henry 结婚时就穿戴了这四件物品。

2. 节日习俗

1)中国传统节日

中国在五千年的历史发展进程中形成了许多具有中国文化特色的传统节日,主要有春节、元宵节、清明节、端午节、七夕节、中秋节、重阳节等。其中一些节日已经被定为国家法定节假日。中国的传统节日多与民间故事及传说有关。例如,在春节有放鞭炮的习俗,据说燃炮仗是为了驱赶怪兽"年"。端午节有包粽子、吃粽子和赛龙舟的习俗,是为了纪念中国历史伟大爱国诗人屈原。七夕节被称作中国"情人节",是情侣、夫妻相聚团圆的节日,据说它的由来与传说中的"七仙女和董永"的爱情故事有关。中秋节是全家团聚的节日，它与嫦娥奔月的传说故事有关：据说嫦娥是偷吃了仙丹飞到了月亮上，从此便在月亮上过着孤独寂寞的生活，只有一只月兔陪伴着她，月饼是嫦娥最喜欢吃的点心，为了纪念嫦娥，中国人就有了吃月饼、赏月、吟诗的习俗。

春节是中国最重要的传统节日。从传统意义上讲，中国的春节是从农历岁末的廿三或廿四的祭灶开始，一直延续到正月十五。为了能在除夕夜与家人进行团聚，一起守岁过年，出门在外的人们会风雨兼程、千里迢迢地从天南海北赶回家乡。在春节饮食习俗方面，南、北方存在略微差异，北方人一般有过年包饺子的习俗，而南方则有炸年糕的风俗，但不论南方还是北方，家家户户都会备上一桌丰盛的年夜饭，把酒言欢，共同等待农历新年的来临。

此外，在春节期间，有丰富且洋溢浓厚年味的民俗活动，为人们营造了欢乐祥和的节日氛围。如舞龙、舞狮、穿新衣、放鞭炮、贴对联、贴窗花、倒挂福字、挂灯笼、包饺子、炸年糕、发压岁钱、送祝福等。特别是在春节的餐桌上讲究多鱼、多鸡，用以预示“年年有余”“大吉大利”的好彩头。

依照习俗，春节期间有“不动刀”“不扫地”“不理发”等禁忌。

因为动刀代表着不吉利、扫地意味着会把财气扫走，而为了避开禁忌，人们也往往会等到农历二月初二“龙抬头”这天才去理发。

2）西方传统节日

西方传统节日有圣诞节、愚人节、情人节、万圣节、复活节、感恩节等。西方的节日大多与宗教有关。例如，圣诞节是纪念耶稣的诞生，复活节是纪念耶稣的复活。

圣诞节是西方最重要的传统节日，一般从感恩节过后的“黑色星期五”开始，一直延续到来年的元月五日。同中国传统节日春节一样，圣诞节在西方是家人及亲朋好友团聚的节日。家人会聚在一起共度平安夜，共享圣诞传统美食。圣诞节期间，家家户户会装点圣诞树，家人朋友之间会互送圣诞礼物、圣诞贺卡及圣诞祝福。大街小巷随处可见到憨态可掬的圣诞老人形象，可听到饱含节日气氛的圣诞歌曲。在西方，红、白、绿三色被视为圣诞色。红色代表圣诞老人，白色代表皑皑白雪，绿色则代表圣诞树。

此外，圣诞节是孩子们翘首期盼的节日。他们往往会在圣诞节收到自己心仪已久的礼物。孩子们充满童真地认为圣诞老人会驾着由驯鹿拉的雪橇，背着装满礼物的超大包裹从房顶的烟囱来到他们的房间，将礼物放进他们挂在床头的长筒袜中。

由此可见，不同的国家有着不同的习俗，而不同的习俗又反映着不同的文化，所以外语的学习离不开对文化的学习。只有这样语言交际者才能克服因文化差异所造成的交际障碍。

视频文本

二、价值观差异

人们往往从以下几个方面来对比中西方价值观所存在的差异，即"伦理与平等""德治与法治""中庸与个性""'和'与'竞'"等。

1. 中国人的价值观

1）中国文化

中国人的价值观主要受中国文化的影响。中国传统文化主张"仁""义""礼""智""信"；是一种以"孝道"为核心的忠孝文化。中国文化的最高境界是"和"，其中包括"人与人之'和'""人与社会之'和'""人与宇宙之'和'"，其强调的是"和谐统一"的核心思想。从中国人的日常交际中可以反映出中国文化对"和"字包含意义的重视。譬如，在2008年奥运会开幕式上就有对"和"字的演绎。此外，中国俗语中有"家和万事兴""和气生财""和睦相处""和谐稳定"等说法，这些俗语旨在映射人际和谐相处与社会稳定以及国泰民安之间的深刻关联。

2）中国人的价值观

中国文化是以"儒学"为主的伦理文化，强调"以德治国""以和为贵"，强调"集体主义"，遵从"中庸之道"。

在一些成语、格言和谚语中通常可以衍射出中国人的价值观念。譬如，人们常常提及"人怕出名猪怕壮""沉默是金""无债一身轻""己所不欲勿施于人""天道酬勤"等格言，这些都体现了中国人民凝练的人生智慧和蕴藏于生活之中的价值理念。

3）中国社会主义核心价值观

此外，在当代中国，社会主义核心价值观被提出，被弘扬，被践行，其包括"富强""民主""文明""和谐""自由""平等""公正""法治""爱国""敬业""诚信""友善"等深刻思想内涵。

总之，这些价值观深刻地影响着中国人民的处世之道以及经营之道。在当代，中国社会正朝着"依法治国""民主富强"的伟大目标砥砺前行。

2. 西方人的价值观

西方文化是宗教文化，强调宗教信仰，重今世，更重来世。西方崇尚以信仰和法制治国，以"竞"为主，强调个人主义，提倡"个性张扬"，注重"诚信"。

譬如，在西方，提倡"个性"教育，这有别于中国传统中"遵从父母""遵从师长"的教育理念。此外，在西方，个人的诚信记录会影响到与个人相关的一系列活动，如教育、就业、经商、从政等。这是由于西方社会将个人诚信记录作为衡量个人道德的标准，所以在西方特别强调和重视诚信。因此，在进行评判时，往往会参照学生的成绩单以及考试有无作弊记录和个人的交通违章记录、银行贷款记录、信用卡还款记录、签证记录等。特别值得注意的是，在英、美等西方国家，考试作弊、学术剽窃被视为违法，重者甚至会被量刑入狱。

此外，西方人特别注重时间观念。譬如，在西方有"捷足先登"（"The early bird gets the worms."）、"时间就是金钱"（"Time is money."）、"时间就是生命"（"Time is life."）等说法。

"隐私"和"平等"也是西方价值观念中的重要组成部分。例如，谚语"英国人的家是一座城堡"（"An Englishman's house is his castle."）强调了西方社会注重个人隐私和注重社会交往中的边界感。还有，英文中“Everyone should be treated the same-it doesn't matter who it is. Good work is rewarded and bad work is punished.”的说法，则强调了西方社会中公平公正的价值理念。

三、禁忌差异

不同国家往往存在不同的禁忌。跨文化交际者在交际过程中应特别注意各国的禁忌，以确保跨文化交际的顺利进行。诚如前面章节所提到的，在美国，除了复活节期间，其他时间忌送百合花，因为在美国百合花往往被用作悼念逝者。此外，在中东国家忌讳送手帕，因为手帕象征着“眼泪”和“分手”。在俄国，送花忌送双数，因为双数花被视为不吉利。在中国，给老人忌送“钟表”，因为“送钟”与“送终”存在谐音；对于新婚贺礼，忌送“伞”，源于“伞”与“散”的谐音；吃梨时忌分吃，则由于“分梨”与“分离”的谐音。在拉丁美洲，忌送“刀”，因为“刀”代表“一刀两断”。在韩国，忌送带“4”字的东西，因为在韩国，“4”被视为不祥数字。

同样，在中国，“4”也被视为不吉利的数字。例如，在广东，“4”“10”的发音与“死”的发音近似，因此广东人往往会避开在四月或十月成婚。此外，笔者记得有一次和朋友们一同去看一个楼盘，置业顾问向我们热情地介绍了一、二、三期楼盘，然后直接跳到了五期楼盘。笔者的一位朋友好奇地问了句：“怎么没有四期楼盘?”置业顾问解释道，“四期”和“死期”是谐音，没有业主愿意住在预示着“死期”的房子里。所以，为了避开“4”这个不祥的数字，就取消了四期楼盘，直接从三期跨到了五期。

此外，人们在选择电话号码和车牌号码时，一般也会避开带“4”的号码。中国人喜欢选择带“6”“8”和“9”的号码，因为它们被视为吉祥数字。但是在购房挑选楼层时，中国人更偏爱带数字“7”的楼层而会有意避开带数字“8”的楼层，因为汉语中有“七上八下”的说法。

西方人认为“13”是不祥的数字。据传，耶稣受害前邀众弟子共进晚餐，当晚参加晚餐的第13位弟子犹大出卖了耶稣，致使耶稣受尽折磨，最终被钉死在十字架上。此外，当天又恰逢是13日。因此，在大多数西方国家，“13”被视为“不幸”的象征，“13”成了“背叛”和“出卖”的代名词。所以在西方国家，人们会尽量避开“13”这个数字。例如，高层建筑一般不设13层，正如中国人有意避开四期的房子一般。另外，在西方宴请吃饭时，主人一般不会同时宴请13个人共同就餐。

因此，跨文化交际者必须充分了解各国文化中所存在的禁忌，才能在跨文化交际过程中有效地避免冲突，使交际的巨轮驶向成功的彼岸。

知识拓展

各国花卉禁忌

送花一直被视为联络感情、互致问候、增进情谊的一种方式。然而，由于生活习惯、宗教信仰等方面的差异，在各国也各有关于花卉的禁忌。因此，在跨文化交往中，为了规避可能产生的矛盾，确保交际的平稳顺利进行，有必要了解各国的花卉禁忌。

在中国，访客探望时，宜送色彩鲜艳、暖色调的花篮或花束，忌送整束冷色调的鲜花。在广东、香港等地，由于方言的缘故，送花时尽量避免用以下的花种：剑兰（见难）、茉莉（没利）等。此外，中国有“好事成双”的说法，忌送单数花枝。

在日本，忌送“4”“6”“9”这几个数字的花枝，因为它们的发音分别与“死”“无赖”和“劳苦”近似，含义是不吉利的。另外，给病人送花不能送带根的花，因为在日本“根”的发音近于“困”，易使人联想为“一睡不起”。再有，日本人忌讳荷花，缘于在日本人们认为荷花是丧花。

在俄国，单数的花枝被认为是吉利的。但俄国人忌讳“13”，认为“13”是凶兆的象征；而“7”则是幸运吉祥的象征。

同中国相似，在法国、意大利、西班牙等国，菊花被视为“哀悼”之花，是不祥之花。在德国和荷兰，人们却偏爱菊花。

在巴西，不宜送紫色、黄色及咖啡色的鲜花。因为，巴西人认为紫色代表“悲伤”，黄色代表“绝望”，深咖啡色则代表“不幸”。

在法国，康乃馨是不祥之花，缘于其在法语中与“扣眼”谐音，被称为“魔鬼之眼”。因此，对于法国人忌送康乃馨。

资源共享

一、精彩图片

中西方婚俗差异

二、图书推荐

[1] 殷莉. 英语习语与民俗文化[M]. 北京：北京大学出版社，2007.

[2] 汪德华. 中国与英美国家习俗文化比较[M]. 杭州：浙江大学出版社，2011.

[3] 杜学增. 中英文化习俗比较[M]. 北京：外语教学与研究出版社，2009.

[4] 王晖. 中国文化与跨文化交际[M]. 北京：商务印书馆，2017.

三、视频推荐

(1) 谈话类节目《世界青年说》。

(2) 电视成语节目《成语英雄》《中国成语大会》。

(3) 电视剧《涉外保姆》。

本章测试

一、判断题

请判断下列句子是对还是错。

1."You should *observe* the traffic rules."句中"observe"一词的意思为"审查"。(　　)

A. 对　　B. 错

2. 在美国，人们认为白头鹰是吉祥鸟，而黑猫则是不祥之物。(　　)

A. 对　　B. 错

3. 在美国，白玫瑰象征着死亡，相当于中国的菊花，是人们扫墓或是参加葬礼时所携带的特定用花。(　　)

A. 对　　B. 错

4. 中国人将"龙"视为图腾；将自己视为"龙的传人"。在西方，龙则是"正义"与"力量"的化身。(　　)

A. 对　　B. 错

5. 英文句子"Someone is a bear at mathematics."是指某人在数学方面擅长。(　　)

A. 对　　B. 错

6."Dutch courage"指的是"酒后之勇，一时的虚勇"。(　　)

A. 对　　B. 错

7. 在俄罗斯，送花忌送单数，因为单数花被视为不吉利。(　　)

A. 对　　B. 错

8. 谚语"An Englishman's house is his castle."强调了西方社会注重个人隐私和注重社会交往中的边界感。(　　)

A. 对　　B. 错

9."Uncle Sam"(山姆大叔)常被用来意指"the United States"(美国)，是暗喻的修辞手法。(　　)

A. 对　　B. 错

二、选择题(单选或多选)

请在下列A、B、C、D选项中选择一个或多个正确答案。

1."four-lettered words/blue words"意思为(　　)。

A. 四字成语　　B. 脏话、下流话

C. 黄段子　　D. 蓝色的话

2. 牡丹在中国象征着(　　)。

A. 雍容华贵　　B. 富贵荣华

C. 清廉　　D. 坚忍不拔的精神

3. 人们往往会从(　　)等方面对比中西价值观所存在的差异。

A. 伦理与平等　　B. 德治与法治

C. "和"与"竞"　　D. 中庸与个性

4. 在中国,对于新婚贺礼,忌送(　　)。

A. 伞　　B. 百合花　　C. 手帕　　D. 贺卡

5. 依照中国传统习俗,春节期间有(　　)等禁忌。

A. 不动刀　　B. 不扫地　　C. 不理发　　D. 不洗澡

6. 习语一般具有(　　)等特点。

A. 抽象概括性　　B. 语言整体性

C. 结构凝固性　　D. 不可替代性

7. "It is Greek/Chinese to me."运用了(　　)的修辞手法。

A. 夸张　　B. 换喻　　C. 明喻　　D. 暗喻

8. 中国社会主义核心价值观不包括(　　)。

A. 和谐　　B. 平等　　C. 创新　　D. 友善

9. 汉语中有"胆小如鼠"的说法,而英文中则用(　　)表达。

A. as timid as a rabbit　　B. as timid as an owl

C. chicken hearted　　D. pigeon hearted

10. 汉语成语主要来源于浩如烟海的中国经传典籍。下列成语中,(　　)源自于历史故事。

A. 东施效颦　　B. 守株待兔　　C. 叶公好龙　　D. 破釜沉舟

三、思考题

1. 为什么汉英语言在词语内涵和习语表达方面存在巨大差异?

2. 如何才能学会并正确使用汉英语言中的成语、谚语和格言?

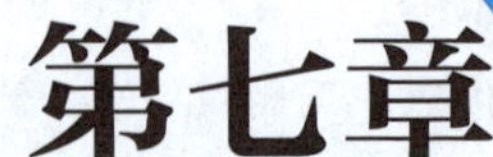

第七章 跨文化交际实践

第一节 文化冲突

视频文本

一、出国遇到的文化冲突

1. 文化冲突的定义

文化冲突(cultural shock)是1958年美国人类学家奥博格提出的一个概念,是指一个人进入不熟悉的文化环境时,因失去自己熟悉的标志和社会环境而导致焦虑。

2. 文化冲突的四个阶段

无论是出国生活、工作、学习、探亲、访友,我们都会或多或少的遇到一些文化冲突,虽然每个人的感受和表现都不一样,但是总体而言,我们一般会经历以下四个阶段:

第一阶段:蜜月阶段。

第二阶段:危机阶段。

第三阶段:恢复阶段。

第四阶段:适应阶段。

1)蜜月阶段:新奇、兴奋、热情友好

把第一阶段比喻成婚姻中的蜜月阶段是很恰当的。众所周知,新婚夫妇在度蜜月时通常充满幸福感和兴奋感。一个人刚到一个陌生的国家，会对周围的一切感到新奇，加之周围的人会把你当作客人热情款待，就会使你有一种受到尊重和自豪的感觉。

2）危机阶段：想家、冷漠、烦躁不安

但是过了一段时间之后，新鲜感没有了，你的生活又回到了常态。学习、工作、生活，渐渐地你会觉得生活很无聊，甚至感到寂寞难耐，周围的人对你也不再像刚来的时候那样热情。你开始想家，尤其是在节假日的时候。俗话说"在家千日好，出门万事难"。

在中国你吃惯了中餐，用惯了筷子，喝惯了茶水，可是到了异国他乡，你要习惯吃西餐和快餐，你要改用刀叉，习惯喝咖啡和碳酸饮料，你会感到很不适应，有时生活中可能会出现一些小小的摩擦，或者是出现一些小小的危机，所有学习上和生活上的问题都要靠自己去解决。

这时候你就会进入第二阶段，也就是危机阶段。文化冲突如同婚姻中有七年之痒一样，你不想也不愿意参加任何社交活动，甚至会出现一些敌对情绪。

3）恢复阶段：社交、规律、恢复常态

经过一段时间的调整，你会慢慢进入恢复阶段，你会准备好再次参加各种社交活动，经过一段时间的磨合，慢慢地你可以恢复到过去的常态。

4）适应阶段：调整、适应、轻松愉快

当你适应了新环境时，你会有一种如鱼得水的感觉，会重新融入当地的文化中，重新开始新的工作、学习和生活，这个阶段就叫作适应阶段。一旦度过了这四个阶段，后面的学习、工作和生活就会非常顺利。

每个人经历文化冲突各个阶段的时间和反应是不一样的。有的人会经历很长时间，也有人可能会稍微短些，而另一些人根本无法适应，只能打道回府。曾经几个朋友刚到美国时一点儿也不适应，特别想家，感到很孤独，加上语言沟通的障碍，每当他们给家人打电话，听到亲人声音时都会哭。直到大概用了半年的时间才适应了美国的环境。

由于在讲授跨文化交际课程中对美国文化有一定的了解，加上没有语言障碍，笔者在美国时几乎没有感觉到文化冲突。在美国访学一年期间，一直处于蜜月阶段。所以，在进入异国他乡学习、工作和生活之前，我们一定要做好充分的心理准备，多了解中西方之间的文化差异，只有这样我们才能够顺利而愉快地在国外完成自己的学习任务，广交来自不同文化背景的朋友。

二、归国遇到的文化冲突

对于长期旅居国外的人，在回到自己国家的时候同样也会遇到文化冲突，他们同样要经历文化冲突的四个阶段。

刚回国时，他们会受到家人、亲朋好友的热情款待，日程安排得很满，天天沉浸在幸福之中，很兴奋、很激动。但是过了一段时间后，他们开始观察和对比两国之间的文化差异，感觉家乡的变化使他们产生了一种陌生感，有些变化令他们感觉不适应。例如，城市里的高楼大厦越来越多、车水马龙、人来人往，他们便开始怀念国外清净，甚至是寂寞的生活。

例如，有些从西方国家回国的人说："刚从国外回来时，甚至不知道该怎么过马路，更不敢开车。"经过一段时间的调整，他们慢慢又习惯了本国的生活环境，适应了本国的生活方式与思维方式。有一位在美国和加拿大生活了近二十年的朋友告诉我说，他经常处于中美和中加两种文化之间，有时候会以美国人的思维方式来处理中国的事情，结果发现行不通。

三、如何克服文化冲突

人们在出国、归国的过程中，或多或少都会遇到文化冲突。那么，我们该怎样克服这种现象，以下几种方法可供大家参考：

(1)提高外语水平——克服语言障碍；

(2)提高交际能力——积极参与社交活动；

(3)了解文化差异——克服文化障碍；

(4)融入当地文化——入乡随俗。

第二节　文化冲突分析

视频文本

扫码看视频

在不同的文化环境中生活，人们通常会遇到不同类型的文化冲突。下面我们就对这几种类型的文化冲突进行分析。

一、教育冲突

英国某电视台拍摄的一部名为《中国式教育》的纪录片曾经引发人们的热议。影片介绍了中国老师在英国学校采用中国教育方式教育英国学生的过程。这部纪录片反映了中英两国教育中的种种文化冲突，其中有很多典型案例。对中英教育的优劣暂且不做评价，我们仅从跨文化交际的视角来探讨和分析其中出现的现象和问题，例如，为什么中国老师在课堂上会把英国学生气哭？为什么中国老师也会被英国学生气哭？

分析：首先，中国老师将中国的教学模式完全照搬到英国课堂，对于在英国文化背景下成长的英国学生来讲，这种模式是非常陌生的，使他们产生了文化冲突。人是社会的人，也是文化的人，一个人的文化背景与他成长的环境有关，不是靠一天两天就能形成的，因此也不可能马上改变。

当英国学生突然离开了下列原本熟悉的学习背景，如：

(1)熟悉的学习环境（小班授课改为大班授课）；(2)熟悉的教学方式（启发式教育改为灌输式教育）；(3)熟悉的教学管理（自由散漫的课堂纪律改为严格的课堂纪律）；(4)熟悉的考试方式（轻

松的学习任务改为高强度的学习和测试任务);(5)熟悉的教师(和蔼可亲的老师换成了严厉的老师);(6)熟悉的课程表(由一天五六个小时的学习时间增加到8个小时的学习时间),他们当然会感到很不适应。

考虑到上述因素,要让英国学生在这种情况下仅用几周时间去适应中国式教育谈何容易。英国学生出现“文化冲突”也就不足为奇了。其实,我们不能简单地说到底是中国式教育好,还是英国式教育好,只要能够适合本国的学生就是一种好的教育形式。如果中国教师从跨文化交际的角度来看待教育,也许可以避免这种因文化差异而引起的文化冲突。这个问题值得我们深思。正如古语所讲,“橘生淮南为橘,生于淮北则为枳。”

二、工作冲突

一天,一位来自美国的经理对一位中国员工进行面试。美国经理问了员工几个问题:

“请问你最近五年的工作计划是什么?你有什么样的目标和打算?”

这位员工侃侃而谈,从公司的业务谈起,结果谈的都是公司的发展,只字未提个人的发展目标和发展计划,结果惹得这位经理非常恼怒,他认为这位员工答非所问,根本没有回答他的问题,根本不重视他提的问题。这位经理希望能听到他的直接答案,具体到五年之后他希望升到什么样的职位,希望自己的薪酬达到什么级别,有没有更多个人发展方面的需求,以及将来有没有跳槽的打算等。这位员工没有理解经理的意图,他完全是按照中国人的思维回答了经理的问题。这位美国经理不了解中国文化,不了解中国人是中庸的,不喜欢出头,更不希望表现出太强势的一面,所以两个人出现了沟通障碍。

此外,相较于西方人,中国人具有以集体利益为重的东方国家的文化特征,而西方人更崇尚个人主义。这种不同的价值观决定了不同的工作理念和工作行为。比如,在一家美国公司工作和在一家中国公司工作是完全不同的体验。美国人崇尚个性,在工作中,只要在职权范围内,美国企业的各部门和负责人做决策的速度很快,不必经由上级批准或下属讨论;而在中国的企业文化中,通常每一个重要决策都需要经过层层讨论、充分论证才能最终确定。这是由中国人习惯与集体保持一致,以集体利益为重的文化特征决定的。

因此,在国外工作,我们要充分秉承灵活务实的态度,通过充分的学习和有效的沟通,逐步适应西方国家的企业文化,促成工作中的理解和合作。

在面试中,我们也许会遇到同样的问题。因此,当大家在外企面试时,请坦诚告诉公司领导自己的目标和发展计划。

三、旅游冲突

现在越来越多的中国人跨出国门,到异国他乡旅游。西方人在旅游时,喜欢用眼睛去观察和感受;而很多中国人喜欢用相机拍摄,留待日后回忆。西方人喜欢轻松愉快的休闲游;而中国人则喜欢紧凑充实的团队游。

在旅游过程中,有些人由于缺乏跨文化交际的意识,缺乏对中西方文化差异的了解,总认为自己的文化与其他国家的文化是相通的。有些游客自以为正常的行为在国外却被视为不文明行为,有时会冒犯他人，甚至会违反当地的法律、法规。

综上所述，跨文化交际不能不考虑文化因素和文化差异，否则很可能会导致跨文化交际的失败。

第三节　跨文化交际原则及策略

视频文本

一、跨文化交际原则

1. 合作原则

“合作原则”(cooperative principle，CP)是由美国著名语言哲学家格莱斯(H. P. Grice)于 1967 年提出的。格赖斯认为，在交际过程中，对话双方似乎在有意无意地遵循着某一原则，以求有效地配合从而完成交际任务。因此，他提出了会话中的“合作原则”。“合作原则”包含数量准则、质量准则、关联准则和方式准则。

1)数量准则

所说的话应该满足交际所需的信息量；所说的话不应超出交际所需的信息量。

即双方在说话时所提供的信息一定要足够，但是信息不要太多，不相关的信息不要提供。另外，提供的信息也不能太少，否则会导致交际失败。

2)质量准则

不要说自知是虚假的话；不要说缺乏足够证据的话。

说话时尽量讲真话，不要提供虚假信息，这样才能保证交际能够顺利进行。

3)关联准则

说话要有相关性。

讲话的内容一定要与主题相关，不要答非所问，以免跑题。

4)方式准则

方式准则包括避免晦涩、避免歧义、简练和井井有条。

说话时要注意方式，以及说话的语气、语速和态度，还有动作、表情等肢体语言。

如果大家在交际的过程中都能遵循上述合作原则，就能保证双方的交际能够顺利进行下去，不会导致交际失败。

2. 礼貌原则

礼貌原则最早由英国牛津大学的布朗和莱文森教授于 1978 年提出。后来李琦(litchi)又将其进一步发展和延伸。我国著名语言学家顾曰国教授也将礼貌原则的定义加以扩展。具体而言，礼貌原则包括：得体准则、慷慨准则、赞同准则、谦虚准则、赞誉准则和同情准则。

人类社会中最基本的相处原则就是礼貌原则。我们常说要以礼待人，中国（古代）社会也提出仁、义、礼、智、信的理念。其中“礼”有着重要地位。中国人很讲究礼节。

在文明社会中，人人都应该讲究文明礼仪，例如，见面礼仪、就餐礼仪、乘车礼仪、服饰礼仪等社交礼仪。礼仪是一种文明标准，也是一个人修养的体现。

1）得体准则

我们在讲话时言谈要得体，举止要得体、服饰要得体。例如，在参加正式宴会时一定要着正装。

2）慷慨准则

慷慨准则是指在交流时，双方不要吝啬自己的言辞，对别人要多称赞。

3）赞同准则

在跟别人说话时，尽量不要抬杠，对别人的观点多表示认同、认可。例如，积极给予他人正面评价，如“对，你说得很有道理。”不要与人当面争执。

4）谦虚准则

中国人在说话时一般比较谦虚，但是，不要过分谦虚，过分谦虚在西方人看来是一种不自信的表现，也有可能让你失去很多的机会。例如，当别人夸你的英语讲得很好，你应该就像西方人一样欣然接受，而不应谦虚地回答说：“哪里、哪里”“一点都不好”。如果别人夸你今天穿的衣服很漂亮，你也应该说声谢谢。

5）赞誉准则

多称赞别人。

6）同情准则

西方人比较注重这一点。例如，如果有人告诉你一件不幸的事情，或者是一个不好的消息，你应该表示同情。

例如，如果有人告诉你说，“I was ill yesterday.（我昨天生病了。）”，你应该说一句安慰的话：“Oh，I am sorry to hear that. 或者是 Are you ok？Are you better？（我很遗憾听到这个消息，你现在好点了吗？你好了吗？）”

如果他告诉你说“我昨天生病了。”或者是“我昨天不小心出车祸了。”而你听后没有任何表示，对方会觉得：“你怎么一点同情心都没有？你怎么那么冷酷冷漠呢？”

所以，在跨文化交际中，我们应该遵循礼貌原则中的这些准则。

3. 跨文化交际原则

跨文化交际原则包括尊重原则、真诚原则、包容原则和适度原则。

二、跨文化交际策略

1. 交际策略的概念

交际策略是交际者为了保证交际能够顺利进行，达到某种交际目的而采取的一种有意识、有计划的措施或技巧。

交际策略是事先设计好的，是有目的、有意识的，是一种技巧。

2. 跨文化交际策略内涵

1）跨文化交际遵循的原则

（1）积极主动：主动问候和自我介绍；（2）热情大方：询问对方有何需求；（3）礼貌友好：微笑面对；（4）善良诚信：信守诺言；（5）自信自重：不卑不亢；（6）回避隐私：注意话题选择；（7）注意差异：语言差异和文化差异；（8）平等待人：不带任何歧视和成见；（9）入乡随俗：善于观察、随机应变；（10）保持联系：善于利用各种沟通方式和渠道保持联系。

例如，在众多的场合中，或在一些晚会中，如果不积极主动地递上自己的名片，别人不可能会认识你，所以，积极主动就是主动推销自己。你可以把名片递给对方，主动跟别人搭讪，留一个电话号码，你就有机会跟他相识。成功源自沟通；沟通建立人脉；人脉带来机遇；机遇依靠能力。

入乡随俗也是跨文化交际中重要的策略。当你不知道有些事怎样做，有些话该怎样表达时，可以通过观察和模仿找到正确的行为方式。

2）跨文化交际能力

（1）外语——跨文化交际沟通技能；

（2）计算机——学习和工作技能；

（3）驾驶——生活和工作技能。

要想成为一名国际化人才，必须要具备跨文化交际能力，首先需要掌握一门外语，尤其是英语，因为英语已经成为一种国际通用语言，一个具有英语沟通能力的人几乎可以走遍全世界。其次，必须掌握计算机操作技能，在信息全球化的互联网时代和人工智能时代，我们的学习、工作和生活都离不开计算机，跨文化交际除了人与人面对面交际之外，还可以通过互联网与外界进行沟通与合作，因此，掌握计算机操作技能是从事跨文化交际不可缺少的一项重要的学习和工作技能。最后，还要掌握驾驶技术，这是一项基本的生活和工作技能。在西方国家，尤其是在北美国家，由于地广人稀，公共交通不是特别发达，人们的主要出行方式就是驾车，如果不掌握驾驶技术，就像一个人失去了双腿，将寸步难行，这将给人们的学习、工作和生活带来极大的不便。

因此，一个人只有不断提高自身的外语水平，了解中西方文化差异，掌握沟通技巧与交际策略，掌握计算机和驾驶等学习、工作及生活技能，才能保证实现跨文化交际的顺利和成功。

中英文问候语的文化差异

中西方语言在问候语的称呼、内容和禁忌方面都存在着很大的不同。

在称呼方面，中国人秉承“上下有仪、长幼有序”的观念。晚辈称呼长辈时，不可直呼其名，应以辈分代替姓名来称呼。而且无论有无血缘关系，均可以亲属称谓相称，如“爷爷”“叔叔”“阿姨”等。不太熟悉的同辈之间，也忌直呼对方姓名。英语在称呼方式上不像汉语有诸多忌讳，基本上不存在讳名问题。晚辈可以称呼长辈姓名。

在内容上，由于中西方在隐私方面存在不同认识，这些差异也体现在问候语中。中国人在问候他人时，习惯问“你去哪儿？”“吃了吗？”“刚下班？”，在东方文化中，这些问候语并不是表示真正的询问，而是一种习惯的表示关切的语言交流方式；而在西方文化中，这些问题被看作涉及个人隐私，略显唐突。因此，在一些英语国家，人们通常以谈论天气的方式打招呼，如“It is so cold today！”，“lovely day, isn't it?”等。

另外，中国自古就有“尊老爱幼”的传统，年长的人因为社会经验和人生经历丰富而受到尊重。老人常被问及“您老高寿”，老人也乐于告诉别人年龄。因此，问候年龄在中国社会是很常见的现象。但是在西方国家，年龄被看作个人隐私。如果通过问别人“How old are you?”来打招呼，会被认为是没有礼貌的表现。由于西方人认为年纪大是“负担”的标志，因此都不希望自己的年龄被人知道。此外，在打招呼时，收入、婚姻状况、宗教信仰、家庭情况等也属于禁忌的范畴。而这些在中国，是很平常的问候话题。

资源共享

一、精彩图片

中国龙和西方龙

中西方家庭观念差异(老人的晚年生活)

二、图书推荐

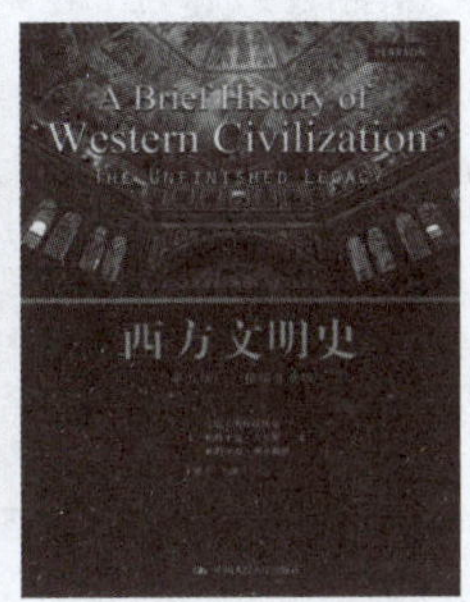

[1] 祝吉芳. 冲突、碰撞与趋同下的中西文化[M]. 北京:北京大学出版社,2016.

[2] 何芳川,万明. 古代中西文化交流史话[M]. 北京:中国国际广播出版社,2010.

[3] 凯什岚斯基,吉尔里,奥布赖恩. 西方文明史:延续不断的遗产:第5版[M]. 孟广林,等译. 北京:中国人民大学出版社,2016.

三、视频推荐

(1)电影《推手》。

(2)电影《喜福会》。

本章测试

一、判断题

请判断下列句子是对还是错。

1. 文化冲突是指一个人进入到不熟悉的文化环境时,因失去自己熟悉的标志和社会环境而导致焦虑的现象。(　　)

A. 对　　　　B. 错

2. 人们经历文化冲突四个阶段的顺序是蜜月阶段、适应阶段、危机阶段、恢复阶段。(　　)

A. 对　　　　B. 错

3. 通过调整自我、适应新环境、调整适应阶段,人们可以重新融入当地的文化中,开始新的工作、学习和生活。(　　)

A. 对　　　　B. 错

4. 人们可以通过提高外语水平和交际能力,积极了解文化差异,入乡随俗等方式克服文化冲突。(　　)

A. 对　　　　B. 错

5. 在跨文化交际中,双方在说话时所提供的信息一定要足够,越多越好,这符合合作原则中的数量准则。(　　)

A. 对　　　　B. 错

6. 关联准则是指跨文化交际中,讲话的内容一定要与主题具有相关性。(　　)

A. 对　　　　B. 错

7. 方式准则是指说话要避免晦涩,避免歧义,同时做到简练和井井有条。(　　)

A. 对　　　　B. 错

8. 谦虚准则是指面对他人称赞,要避免接受,尽量否认,以免给他人留下骄傲自大的印象。(　　)

A. 对　　　　B. 错

9. 在中国古代社会中,“礼”有着举足轻重的地位。(　　)

A. 对　　　　B. 错

10. 入乡随俗是跨文化交际的重要策略。(　　)

A. 对　　　　B. 错

二、选择题(单选或多选)

请在下列A、B、C、D选项中选择一个或多个正确答案。

1. 文化冲突的第一个阶段是(　　)。

A. 危机阶段　B. 适应阶段　C. 恢复阶段　D. 蜜月阶段

2. 一个人对周围的一切事物感到冷漠,甚至是敌视,不想参加任何社交活动。这个人处于(　　)。

A. 适应阶段　B. 危机阶段　C. 蜜月阶段　D. 恢复阶段

3. 对于长期旅居国外的人在回国后也会遇到文化冲突,其外在表现包括(　　)。

A. 不敢开车　B. 对家乡的陌生感　C. 感到孤独寂寞　D. 怀念国外的清净

4. 克服文化冲突的做法包括(　　)。

A. 加强自我保护　B. 提高交际能力　C. 融入当地文化　D. 提高外语水平

5. 英国学生不熟悉的学习方法是(　　)。

A. 严格的课堂纪律　B. 高强度的学习任务　C. 大班授课　D. 启发式教育

6. 一位美国经理面试中国员工时,问他最近五年的工作计划是什么,有什么目标和打算,美国经理希望听到的回答是(　　)。

A. 公司的规划　B. 公司的业务　C. 公司的发展　D. 个人的发展

7. 合作原则不包含(　　)。

A. 礼貌准则　B. 方式准则　C. 数量准则　D. 质量准则

8. 礼貌原则包含(　　)。

A. 同情准则　B. 谦虚准则　C. 慷慨准则　D. 宽容准则

9. 慷慨准则是指(　　)。

A. 多帮助别人　B. 多称赞别人　C. 多给予别人　D. 多同情别人

10. 跨文化交际原则包括(　　)。

A. 尊重原则　B. 适度原则　C. 真诚原则　D. 包容原则

三、思考题

1. 请问假如全世界的人都说同一种语言是利大于弊,还是弊大于利?为什么?

2. 学习一门外语为什么要学习和了解他们国家的文化?

第八章 跨文化交际之旅

第一节　开启出国之门

视频文本

我国每年都有许多学生通过各种渠道出国留学,如通过中外合作办学 2 + 2 或者是 3 + 1,通过交换生项目,通过申请国家留学基金或申请国外奖学金等途径到国外大学留学。大学对外汉语专业的学生也可以通过国家汉办官网申请到国外做志愿者。大学教师可以通过国家留学基金委资助项目或者地方合作项目申请到国外做访学。出国留学是很多在校大学生的梦想,那么怎么申请国外大学?怎么办理出国手续?如何才能顺利跨出国门呢?

本节主要介绍出国需要准备的材料和办理出国留学的流程:

第一步:资金准备;

第二步:成绩准备;

第三步:中介选择;

第四步:申请学校;

第五步:签证准备;

第六步:制定行程;

第七步:准备物品。

一、资金准备

在我国,目前能拿到国外高校全额奖学金或国家留学基金资助的学生毕竟是少数。对于大多数怀着出国留学梦想的同学们来说,自费出国留学首先要考虑的就是资金问题,由于各国货币与人民币兑换汇率不同,加上学习期限不同,学费收费标准不同,所以留学所需的资金就大不相同。

例如,去英国读硕士只需要一年时间,而去美国一般需要两到三年,所以需要的资金是不同的。

二、成绩准备

确定留学国家之后,接下来就要准备参加语言考试。

申请国家和申请类型不同,所要参加的考试类型也就不同。例如,去美国读大学本科,需要参加 SAT、ACT 或者 TOEFL(托福考试);如果申请去英联邦国家留学,需要参加 IELTS(雅思考试)。具体的考试类型和留学期限可以参考下面的表格:

申请国家	申请类型	考试类型	期限
美国	大学本科	SAT/ACT,TOEFL,IELTS	4 年
	硕士	TOEFL,GRE,GMAT(商科)	2~3 年
	博士	TOEFL,GRE	5~7 年
英国	大学本科	IELTS(学术类)	4 年
	硕士	IELTS(学术类)	1 年
加拿大,澳大利亚	大学本科	IELTS(学术类)	4 年
	硕士	IELTS(学术类)	2~3 年
欧美	访问学者	WSK,PETS 5,TOEFL,IELTS(学术类)	6 个月~1 年
	汉语教师及志愿者	CET4,CET6,TOEFL,IELTS(学术类)	1~2 年

三、中介选择

目前办理出国留学的中介机构很多,大家可以自行上网搜索,谨慎选择。英语程度较好的同学也可以按照流程指南自己申请学校,从而节省一笔中介费用。

四、申请学校

1. 考虑因素

1)学习和生活环境

学习和生活环境主要依据申请者的个人爱好来选择。例如,有的同学不喜欢寒冷的气候,那么就不要选择加拿大。如果向往南半球的生活,就可以申请澳大利亚和新西兰的高校。

2)学校和专业排名(USNews 网站)

如果申请美国高校,可以参考 USNews 网站的美国大学排名。

3)学习成绩和费用

国外大学除了费用收取不同,对录取学生的要求也不同,比如对申请人学习成绩和语言考试成绩的要求标准都不一样。

4)学制长短和就业机会

例如,去英国读硕士只需要一年时间,而在美国、加拿大和澳大利亚则需要两到三年。此外,还需要考虑求学期间有没有兼职打工的机会,以及毕业后是否有留在当地工作的机会。

2. 申请材料

首先需要准备的是学历材料,访问学者还需要准备相应的工作材料证明等。此外,还需要一些家庭资料证明,包括收入证明和资金存款证明等。具体可参考如下表格:

1	学习材料(留学)	毕业证(中英文)
		学位证(中英文)
		学校在读证明(中英文)
		高中或本科成绩单(中英文)
		两封老师或教授的推荐信
		个人文书
2	工作材料(访学)	工作在职证明(中英文)
		工资收入证明(中英文)
		研究计划(中英文)
		研究成果(中英文)
3	家庭材料	父母收入证明(留学)(中英文)
		配偶收入证明(访学)(中英文)
		家庭资产:房产证、购车完税证
		银行存款证明(自费留学)(50 万以上)
		其他资产:股票交易清单、银行半年以上交易流水(自费留学)

知识链接

美国高校录取方式

美国高校的录取方式有提前录取(Early Admission)和常规录取(Regular Admission)两种。

1. 提前录取(Early Admission)

提前录取又包括两种形式:

第一种叫作 Early Decision(ED,具有约束力的提前录取),一旦被学校录取,学生不得再更改学校。

第二种叫作 Early Action(EA,不具约束力的提前录取),学生可以申请多所学校,如果遇到更好的学校可以更换,次年的 4 月或 5 月答复学校是否入学。

提前录取的学校一般是排名前50的常青藤学校，成绩优秀的学生可以考虑申请，申请时间截止到10月底，录取通知书一般在12月底发出。

2. 常规录取(Regular Admission)

常规录取学校的申请一般截止到12月底，次年的4月初至中旬收到录取通知，学生5月1日前需要答复学校是否决定入学。

五、签证准备

1. 签证类型

以美国为例，不同的身份会拿到不同类型的签证。

学生签证F1，工作签证J-1，商务考察或旅游签证B1或B2。

美国使馆签证要求面试，而其他国家一般只需提供材料，不需要进行面签。

2. 签证材料

签证材料一般包括以下内容

(1)护照、身份证；

(2)签证申请表、签证照片(2张)；

(3)签证申请缴费收据；

(4)I-20表(学生)；

(5)DS2019表(访学)；

(6)英文成绩单(TOEFL，GRE，GMAT，IELTS)；

(7)签证预约时间表；

(8)申请学校相关信息：申请学校和学院官网首页、专业课程、教授信息、学校地址、联系人姓名和电话等。

3. 签证面试

在美国使馆面试签证时，面试官一般会问到以下几种问题：

(1)以前是否有去过美国的经历(时间、地点、目的)；

(2)本次出国的目的(期限、录取通知书/邀请函、录取学校的名称、地址、专业、导师信息等)；

(3)学习计划/研究计划；

(4)在美国是否有直系亲属。

如果有直系亲属在美国，面试官会考虑申请人是否有移民倾向。如果美国没有直系亲属，一般会比较容易拿到签证。但是，如果是去美国探亲访友，只要提供亲友的姓名、地址和工作性质信息，那么同样也可以拿到签证。

面试结束后如果面试官将你的护照留下，就意味着你的签证通过，你将在三到五个工作日之后收到美国使馆签发的签证。如果签证官将签证还给你，就意味着你被拒签了，签证官不会当面给你做任何解释。签证面试的目的主要是核查信息、测试语言水平和考察综合素质等。

六、制定行程

每年的八月中旬到九月初是留学生出境高峰期，所以要提前制定行程，尤其要提前订机票，机票订得越早越便宜。另外，订中转航班机票比直达航班机票便宜，暑假回国订往返机票更划算。

七、准备物品

为了帮助大家做好出国前的准备工作，我们列出了出国留学应带物品清单。

1. 证件类

(1)机票；

(2)护照；

(3)I-20 表；

(4)录取函；

(5)证件；

(6)各种公证(未婚、出生、成绩单)；

(7)成绩单(多带几份)(本科、研究生)；

(8)毕业证书、学位证书；

(9)TOEFL/GRE/IELTS 成绩；

(10)护照照片(两英寸、一英寸各若干张)、电子版照片。

2. 衣物类

在美国，出席正式场合人们要着正装。男士最好准备一套西装、两条领带和领带夹若干；女士则至少准备一套正式套裙。

3. 箱包类

(1)双肩书包一个，既可以用作电脑包，也可以在外出旅游时使用。

(2)箱子：建议购买质量好的行李箱，以免在旅途中出现问题。

知识链接

航空公司对行李箱尺寸和重量的规定

不同航空公司对行李箱的尺寸大小以及装载重量有不同的规定和要求。一般来讲，购买经济舱机票的乘客可免费携带两件托运行李(checked baggage)，此外还允许随身携带一个小行李箱(carry-on baggage)和一件个人物品(personal item)。

目前大多数航空公司对托运旅行箱的大小规定是三边之和相加不超过 158 cm，158 cm 的大箱子在国内也通常被称为 30 寸托运箱。对登机行李箱(carry-on bag)的大小规定通常是三边之和不超过 115 cm，在国内一般被称为 20 寸登机箱。

美国托运行李每件不超过 23 kg，英国托运行李每件不超过 23 kg 或 30 kg(公务舱)。

4. 禁带的物品

1)禁止随身携带的物品

(1)超过 100 mL 的液体化妆品;

(2)打火机、火柴;

(3)军刀、水果刀等。

2)禁止托运的行李物品

(1)电子产品:锂电池、充电宝、电脑、iPad 等;

(2)肉类食品,包括牛肉干等;

(3)水果;

(4)种子和土壤;

(5)违禁药品或没有商标的药品;

(6)易燃易爆物品,如摩丝、发胶等。

温馨提示:

(1)建议在行李箱上用英文写上自己的姓名、电话和住址,防止行李丢失。

(2)建议给行李箱贴上醒目的标签,防止拿错行李,带来不必要的麻烦。

(3)系上打包带,以免行李损坏或丢失。

第二节　走进美国校园

视频文本

一、如何选择宿舍或公寓

国外许多大学一般要求大学一年级的新生第一年必须住校,主要是为了保障学生的人身安全,同时也是为了让学生更快地熟悉校园环境,更多地参与学校组织的课外活动,并且快速地结识和熟悉同学。

学生可以选择两人间或者四人间,也可以选择与其他年级、不同专业的学生住在一起。这一点与中国不同,中国的大学生可能大学四年都住在同一间宿舍。但是在美国,大学第二年学生可以选择校外公寓,房租一般比学校宿舍便宜。选择校外公寓时一定要考虑地理位置,是否距离学校近,交通是否便利,是否安全等。

美国的房租与中国一样,地域不同、城市不同、地理位置不同,价格也就不同。例如,美国东北部地区和加州的房租最高，一间房每月的房租在 800～1000 美元，而在南部或中部地区只需要四五百美金。

在美国租房和国内不同，很多房子不带家具，只配有冰箱、电磁炉和烤箱，厨房内没有抽油烟机，需要房客自己去购买家具，很多学生和访问学者都会购买二手家具，所以搬家非常麻烦。如果房子租期到期，房客需要将房内的所有家具处理掉，将房子腾空后再交还给房东。房屋内如果设施有损坏或者地毯被弄脏，房东会从房客的押金中扣除一部分作为赔偿，所以租房时一定要保护好房屋内的设施。

二、如何选课

国内外大学在选课方面也是不同的。在国内上大学，除了选修课学生可以自己选择，其他课程都是由学校统一设置。国外大学一般实施学分制管理，在美国大学，选课一般是在全校范围内的课程中挑选自己最喜欢的课。学生不仅可以跨专业、跨年级选课，还可以选老师。新生入学需要参加 Orientation 培训，包括如何尽快了解学校的各种设施，例如，如何办理图书馆借书证、如何使用图书馆的设备、食堂在什么地方、如何办理停车手续以及如何加入社团组织等。

每个学院一般都配有专职或兼职的课程顾问（counselor），负责给学生选择课程提供帮助和建议。建议学生在第一学期不要选太多课程或者特别难的课程，否则可能完不成学习，拿不到学分，或者必须重修。另外，选课时不仅要考虑学分，还要考虑课程的难易度，以及是否与专业课相关等，如果学生所选的课程都是一般的非专业性、非核心课程，即使总学分修满，也不能够顺利毕业。某些课程如果选课人数不足 10 人，那么这门课程可能会被取消。有些课程需要学生有前期入门知识，否则不能选修该课程，所以新生在选课之前应该向课程顾问或者学长、学姐们请教，避免走弯路。

三、如何学习

英美国家的教育理念和教育方式与我们国家不同，因此学生的学习方式、考核方式与我国也有很大的区别。例如，在美国，课堂教学不是以老师为中心，而是以学生为中心，课堂教学多以学生讨论、分小组做 presentation 为主，鼓励学生向老师提问，或者引导学生去探索和解决问题。在美国的课堂上，学生向老师提问或者打断老师的教学是很常见的，这在我们国家可能会被视为对老师的不尊重。在国外，尤其是美国，老师特别鼓励学生提问，对于很多知识点，老师不会将答案直接告诉学生，这是为了培养学生的思辨能力、表达能力、研究能力和自主学习能力。

每门课程的第一堂课老师一般会介绍课程的教学大纲、课程要求、考试要求，并且给学生列出一个长长的读书清单。学生们会去图书馆借阅或者购买这些图书进行阅读，美国学生的阅读量非常大。

在美国，无论是小学、中学，还是大学，都为学生开设有“field trip”实地考察课，尤其是一些生物课或历史课，老师会带领学生去实地参观考察，这种学习方式很受学生欢迎。

学生在学习过程中如果遇到问题，可以在老师规定的“office hour”（辅导答疑时间）去老师办公室找老师进行辅导。

四、如何准备考试

我国高校一般采用统一试卷考试，欧美国家的大学老师则通常喜欢让学生写一篇论文，老师会根据学生论文的结构、观点、内容、逻辑性、连贯性、格式、用词等方面综合评判打分。

在美国或者其他西方国家，老师不能容忍学生考试作弊，例如，抄袭剽窃他人的文章等。学生如有考试作弊行为，则被视为道德人品有问题，严重者可能会被判入狱坐牢。

有些学生由于不了解西方国家这么严格的规定，在国外找枪手替考，结果被校方开除，有的还引来了牢狱之灾，给自己的人生记录沾上了污点，断送了自己的美好前程。

五、如何加入社团组织

英美国家高校有很多学生参加各种社团组织，例如，各种体育队、音乐社团、演讲社团、戏剧社团以及各种竞赛类社团，学生可以根据自己的兴趣爱好和特长选择加入不同的社团组织。这些社团不仅可以培养和提高学生的某些知识和才艺技能，而且能够提高学生的社交能力和组织能力，同时还能为学生的履历增加分量。有特长和才艺的学生在美国大学很受欢迎。

六、如何为子女办理入学手续

我国出国做访问学者的教师如果带有 18 岁以下子女，可以为孩子申请办理 J-2 签证，孩子可以在所租房屋附近的公立学校免费入学。申请学校所需资料包括家长和孩子的护照，房屋租赁合同，孩子的出生证、免疫证、体检证明以及中国学校开具的在读证明和成绩单。美国公立学校不收学费。

走进美国大学，你会发现许多地方与国内不同，如果你出国时提前做好功课，了解了这些差异，将有助于你更好地融入美国校园文化并且顺利完成学业。

第三节　生活万花筒

视频文本

一、如何在银行开户

留学生除了要准备一张国内双币信用卡主副卡（一般留学生持副卡）外，还可以持护照在当地开一个学生账户，最好是活期账户和定期储蓄账户可以互转，不需要交手续费，没有最低存款额度限制的账户。不要以为在美国银行开户存入现金就可以有利息产生，有些小额账户每个月有最低存款限制，例如 300 美元，如果达不到这个数额，每个月储户不但得不到利息，反而要给银行交保管费，这样就会很不划算。

二、如何购买保险

美国人的保险意识很强，无论是去美国留学还是访学都必须购买保险，否则你将无法在学校办理注册手续，还会遭到移民局的遣送。一般情况下，学校会帮学生或访问学者推荐保险公司或者代买，保险公司不同价格也不同，学生或访问学者可以在网上搜查相关信息，然后自行选择购买。

三、如何在餐馆用餐

在美国，如果没有人主动声明是自己请客吃饭，一般朋友、同学或同事外出聚餐不论男女都采用AA制，餐费除点餐的菜品、主食、酒水以外，还包括税费和小费。

在美国和加拿大的中餐馆有一种特别有趣的现象，就是当客人们就餐完毕，每位客人都会收到服务生送的“Lucky cookie”，叫作“幸运曲奇饼”，里面藏着一张字条，上面通常写着一句预测客人命运的话，类似于中国人用来算命的卦签。有趣的是这种看似很有中国文化元素的小游戏却不是中国人发明的，而是由西方人发明的。

四、如何付小费

欧美国家有给服务人员付小费的习惯，例如，会给餐厅的服务生付小费，小费一般占总费用的12%左右。服务生一般没有工资，主要靠收小费养家糊口，付小费也是对服务生表示满意和尊重的一种方式。但是在快餐店就餐不需要付小费。其他需要付小费的还有机场搬运行李的搬运工和出租车司机。另外，为顾客提供服务的酒店和宾馆服务员也需要付小费，通常可以把一美元小费放在床上或者压在枕头下。如果参加旅行社跟团旅游，则需要付给导游和司机小费，数额在每天六美元到七美元不等。

五、如何考取美国驾照

美国每个州都有自己负责考试和发放驾照的中心，年满16岁以上的人无须报考驾校培训班，只要学习并掌握了相关交通法规、理论知识，并掌握了一定的驾驶技术就可以通过电话或网上预约参加理论考试和道路考试。

在进行了视力和身体体检之后，工作人员首先会安排报考人员参加理论考试，在电脑上进行答题。考试分为两个部分，一部分是理论知识，另一部分是识别道路标识，考试人员必须达到94%以上的正确率才能通过考试，参加下一步的路考。

在理论考试中有几道题是必考题：

(1)驾车时当你遇到行人怎么办？

驾车时前面如果有行人通过，必须停车，让行人先过马路。

(2)当你看到前面或对面有校车停下来时该怎么办？

美国的交通法规定，驾车时看到前面或对面有校车停下时，必须停车，以保障上下车学生的安全。

(3)当你听到消防车、救护车、警车鸣笛时该怎么办？

美国法律规定，行车时听到公务车鸣笛执行公务时，驾驶员必须靠右行驶并马上停车，让行消防车、救护车和警车，否则将被视为违法。

(4)当你的车上有不满五周岁的孩子时该怎么办?

美国的交通法规定,车上有不满五周岁的孩子时,孩子必须坐在专门安装的儿童座椅上,并且系上安全带。如果警察发现家长没有让孩子乘坐安全座椅或者没有给孩子系安全带,也会遭到处罚。

(5)当你看到前方有工人在进行道路施工时该怎么办?

美国交通法规定,当驾驶员看到前方有工人进行道路施工时,必须减速行驶,并且不得超过所规定的车速,否则可能会涉嫌危险驾驶罪。

美国的交通法规非常严格,这些法规也值得我们国家借鉴。

路考就在考试中心的院里进行,考试中心不提供车辆,报考人员必须自己带车参加考试。在考试前,考官首先检查车辆的车况,在确定没有问题后考官会坐在副驾驶座位上,手拿一个夹子和一张评分表,考试过程中考官不说话,只是默默地观察、记录,一旦发现考生有严重操作错误就会马上终止考试,并宣告本次考试失败,不会做任何解释,考生只能等待下一次考试机会。如果考生顺利通过路考,考试中心工作人员会在一个月内将驾照寄到考生住宅地址的邮箱里。在美国,考驾照非常便宜,一般只需要几十美金,如果你持有中国驾照还可以免一项酒精测试。

在美国,驾照相当于一个人的身份证。对于外国留学生和访问学者来说,出门时不需携带护照,拿着美国驾照就可以了。

六、如何参与社交活动

有些中国留学生在国外选择住在华人集中的社区,甚至与中国留学生同住一室,天天讲汉语,在国外学习多年英语也没有明显的提高。

在美国,留学生有许多参与社交活动的机会,最常见的就是参加各种朋友聚会,例如,同学朋友的生日晚会、家庭的节日聚会、野餐、烧烤、观看各类体育比赛等。留学生应该积极参与这些社交活动并与当地的美国学生和家庭建立友谊,只有这样才能真正体验到美国的文化。

例如,美国人喜欢参加化装舞会,学校每年9月份会举行 homecoming 舞会,还有万圣节、感恩节和圣诞节晚会,以及各种志愿者活动等。留学生应该利用各种机会多与美国学生和他们的家人交朋友,只有这样才能融入当地的文化中。

第四节　一起去看世界

视频文本

世界这么大,我想去看看。

俗话说“读万卷书,行万里路”。这句话是说我们不仅要从书本上获取知识,也要从生活中获取知识,丰富我们的人生阅历。

近年来西方流行一种叫作“游学”的学习方式,就是学生选择出国旅游,一边旅游一边学习国外的文化知识,了解当地的风土人情,开阔自己的视野,积累丰富的人生经历,提高自己的外语水平。这种学习方式正逐渐受到越来越多中国家长和学生的青睐。对于没有机会出国留学的学生来说,不妨考虑一下出国“游学”,毕竟“耳听为虚,眼见为实”。

随着中国经济的发展和人们生活水平的不断提高,人们的生活理念和教育理念均发生了很大的转变。近几年,中国出境旅游的人数逐年攀升,为了抢夺中国游客,许多国家纷纷出台各种优惠政策,简化旅游签证手续或延长旅游签证期限。例如,美国、加拿大和新加坡对中国公民旅游签证的有效期延长至十年。萨摩亚、海地、韩国济州岛、塞班岛、俄罗斯、白俄罗斯等国家和地区对我国团体出境旅游的公民直接免签,土耳其和印度对中国公民实施电子签证,像马尔代夫、印度尼西亚、文莱、斐济、缅甸、老挝、尼泊尔、斯里兰卡、泰国、越南等35个国家对我国公民实施落地签证,为中国公民出境游提供了方便。

出境旅游需要关注以下几个方面的问题。

一、如何选择出游方式

如果选择深度游,建议大家采用自驾游方式,灵活多变,不用起早贪黑赶时间,避免走马观花式的旅游,不会太辛苦,还能节省不少小费。

如果时间很有限,建议大家选择旅行社的随团游。

旅行社的组团方式一般分为三种:经济团、商务团和豪华团。

大多数普通家庭都会选择经济实惠的经济团。事实上,经济团与豪华团的旅游线路和景点通常都是一样的,区别在于所乘车辆的车况和食宿条件。如果选择跟团旅游,游客每人每天应该付给导游和司机6~7美元不等的小费。

二、如何选择旅行社

如果要出境旅游,可以请亲朋好友推荐或者自行在网上搜查评价星级较高的旅行社,一般应选择有资质、规模较大的旅行社。

三、如何选择旅游线路

旅游线路的选择应该由旅游者的旅游目的和经济实力来决定。

年轻人的浪漫蜜月之旅可以选择巴厘岛、塞班岛、马尔代夫、爱琴海这样的目的地。

购物之旅可以选择去韩国、日本、迪拜、法国、意大利或者美国。

观光之旅则可以选择去北欧、西欧、北美和东南亚。

文化之旅可以选择参观美国著名的高等学府,例如,哈佛大学、耶鲁大学、麻省理工学院、斯坦福大学等。在英国也可以参观英国的剑桥大学和牛津大学。历史文化之旅则可以选择埃及、印度、土耳其、希腊、意大利等国。

原生态之旅可以去非洲、南美、新西兰、澳大利亚或者加拿大。在这些地方不仅可以欣赏到美丽的自然风光,还可以看到很多珍稀的动植物。

滑雪之旅可以选择去欧洲的阿尔卑斯山、美国的科罗拉多山脉和加拿大的落基山脉。

一般来说,在美国旅游可以选择下面几条线路。

西线旅游:洛杉矶、旧金山、西峡谷、黄石公园、拉斯维加斯。

东线旅游:华盛顿、纽约、波士顿、尼亚加拉大瀑布。

东南线路:奥兰多、NASA 美国宇航局、迈阿密、西礁岛等。

四、如何预订机票、酒店和租车

如果选择自驾游,可以在网上将机票、酒店和租车一起打包预订,价格会更便宜。

机票最好预订往返票。租车时,如果选择同一地点提车和换车比异地还车要便宜。租车的费用根据车型、租车期限长短、提车时间、是否购买保险以及租车人所持的驾照类型而定。如果租车时使用的是中国驾照,价格就会比较贵,如果使用的是美国驾照,价格就相对比较便宜。租车时间越长,价格就越便宜。

温馨提示:租车时一定要购买保险。否则,一旦出现交通事故,经济损失将会非常大。

五、如何文明旅游

在出游前一定要做好功课,了解当地的风俗习惯、法律法规,以免冒犯他人,触犯当地的法律法规或者违反当地的宗教信仰。

在新加坡不可以吃口香糖,不可以随地吐痰、乱扔垃圾,不可以在公共场所吸烟,也不可以在使用完卫生间后不冲马桶,这些行为都会遭受严重罚款甚至监禁。

无论是出国留学还是出国旅游,大家一定要有跨文化交际意识,要了解各国不同的习俗文化和禁忌。例如,在印度,摇头表示赞许、同意,而点头则表示否定和拒绝。另外,在印度,男女游客不可以公然在大庭广众之下亲吻,可能会被起诉犯公共场合猥亵罪。

在阿拉伯国家,人们不能用左手拿食物吃饭。不能当着穆斯林的面谈论有关猪或猪肉的话题,更不能在他们面前吃猪肉。

在土耳其、法国、巴西等国家,不可以使用 OK 这个手势,因为这是一种带有挑衅行为的手势,就像竖起中指一样,会冒犯他人。

在泰国不可以对人竖起大拇指,这个手势不是夸奖别人,而是贬低别人的意思。

在美国,不可以在未得到对方允许的情况下用手机或相机拍摄对方或对方的房屋等私人物品,否则对方有权告你侵犯个人隐私。也不可以擅自闯入别人的院子和房屋等私人领地,否则对方可以向你开枪,这属于正当防卫。

在加拿大,白天开车也必须开启车灯,否则属于违反交通规则。这是因为在加拿大,几乎半年时间都是冬天,冰天雪地,能见度低。只有开启车灯,才能保障行车安全。

在美国和加拿大,驾车一般要靠右车道行驶,左边车道是超车道。如果车上只有一位或两位司乘人员，则不允许使用标有 Carpool 标志的车道，该车道仅供乘载三人或三人以上的车辆使用。一个人如果有多次违章驾驶记录，他将被列为危险分子，并且如同被通缉的罪犯一样被刊登在报纸上，这将影响到他的个人信用。

在英国以及英联邦国家，如澳大利亚、斯里兰卡等，当地使用的车辆是右舵，所有车辆靠左行驶。

游客在境外旅游时如果有某些不文明行为，将会被列入黑名单，这将影响日后的签证和再次出行，会被列为不受欢迎的人。

六、如何购物

据统计，2018 年中国出境旅游已经达到 1.5 亿人次，中国公民已经成为世界上购买力最强的群体。所到之处游客免不了要去商店购物，尤其是女性游客，化妆品、香水、名牌包、服装、珠宝首饰等等是她们的最爱，而男士最爱购买名牌手表、皮带、服装、香烟或酒类商品。在美国，由于各州税率不同，商品价格也有差别，所以在购买商品时可以适当考虑税率问题。

第五节　危机处理

视频文本

一、如何处理邻里之间的矛盾与纠纷

美国人的法律意识很强，在美国，如果邻里之间发生矛盾，一般来说双方不会直接发生冲突，他们通常会通过物业办公室工作人员或者业主委员会来解决。如果发现邻居有违反当地法律的行为，他们会直接报警。

笔者在美国访学时曾经历过一件事：在笔者刚到美国佛罗里达大学做访学时，有一天洗完澡不小心导致洗澡水渗漏到楼下邻居家，对方直接联系了物业办公室，等物业工作人员上门说明情况后，笔者赶忙下楼去给邻居道歉，发现邻居家卫生间的天花板像水帘洞一样往下滴水，当时笔者想这下肯定糟了，一定会受到物业的重罚，邻居也会向她索要赔偿。但没想到第二天笔者在房间里看到物业工作人员留下了一封信，旁边还有一个崭新的浴帘，信上写道："曾老师，对不起，我们忘记提醒您卫生间的地板是木制地板，下次洗澡时请将浴帘挂上，防止水洒在地板上，谢谢您的配合。"美国邻居这种解决问题的方式，既文明，又奏效，这件事令笔者非常感动，也非常难忘。

二、如何处理同学之间的矛盾与纠纷

无论在世界上任何国家和地区,人与人之间长期相处难免会发生矛盾和摩擦。在国外学习时,同学之间可能会因为学习习惯或生活习惯不同产生误会和矛盾,需要双方协商处理,因此,掌握沟通技巧和跨文化交际策略是非常必要的。例如,老师布置学习任务时是根据小组成员的集体表现来评价打分的,所以同学们要有团队意识和团队精神。如果哪位同学不努力,不配合,就可能会影响整个小组成员的成绩。这种情况下,小组其他成员就应该主动与这位同学进行沟通,查明原因,帮助他(她)共同完成老师布置的任务并取得理想的成绩。如果与室友发生矛盾应该及时化解,可以采取当面沟通或者通过宿舍管理员来协调解决,实在解决不了可以申请调换宿舍。千万不要直接发生正面冲突,影响个人生命安全。

三、如何处理交通违章与交通事故

美国的交通法规非常严厉,在美国如果一个人有违章停车、超速驾驶、闯红灯、酒后驾驶等违法行为会受到严厉处罚,违章或违法者不仅会受到经济上的处罚,而且还要受到法律上的处罚,这些处罚将被记录在案,影响一个人的信用记录。

例如,为了确保学生的安全,美国所有中小学在接待来访者时,要求所有人必须登记个人信息,学校办公室接待人员会查看近期报纸上公布的违章驾驶人员的姓名和照片,并且进行比对,如果发现来访者是报纸上公布的违章驾驶人员,则被视为危险分子,不予入内。

如果一个人驾车在路上行驶时,发现后面有警车或摩托车鸣警笛跟随,一定要靠右行驶并马上停下来。警察要求出示驾照时,驾驶员必须摇下车窗将驾照递给他,不得开门下车,更不能有掏兜等动作,因为上述动作在美国会被认为有袭警行为,所以这是非常危险的行为。遇到这种情况,驾驶员最好把手放在方向盘上。如果驾驶员对警察的处罚结果不满意,事后可以到法庭上申诉,开庭时如果警察不出庭或者拿不出证据,法官会判决申诉人胜诉。

四、如何看病就医

在美国就医看病非常贵,虽然已经购买了保险,但是看病时有些检查费是不包括在内的。假如你不小心在运动时摔伤或扭伤了,检查费会很贵,其中不包括治疗费和药费。所以建议喜欢运动的同学除了购买基本的医疗保险之外,一定要购买意外伤害险。

另外,美国人看病一定要提前预约,否则无法就医。在中国,病人经常到医院挂急诊看病,而在美国,急诊通常是指应对突发疾病和意外伤害等紧急情况的治疗,一般人无法到急诊就医。

在美国药店购买药品时,有时要求顾客必须持医生的处方才能买药,一般情况下医生不会轻易给病人开抗生素类药,通常医生会建议病人少用药。例如,对于发烧的病人,医生会建议病人将衣服解开,尝试用冰块敷在额头上或者用酒精擦拭身体等物理疗法,而不是直接给病人输液。

五、如何退换商品

在美国,由于各州税率不同,商品价格也有差别。另外,一般零售店与奥特莱斯的价格相差很大，所以，建议大家选择到奥特莱斯和免税店购物。如果买回去的商品没有使用，可以凭借购物小票到商店进行退货，美国商店实施无理由退货，所以记住，一定要保管好自己的购物小票。

在超市购物，如果发现收银员把价格搞错了，譬如货架上标明了商品的打折价格，而收银员却按商品原价收款，一经核实，商家不仅会退还差价，有时还会将商品免费送给顾客以示歉意。

六、如何保证人身财产安全

出国旅游有时会发生意想不到的突发事件，为了保护自身的安全，建议大家购买意外伤害保险。近年来，许多国家的犯罪分子盯上了中国游客的钱包，中国游客在国外旅游时曾遭遇钱物被抢、被偷等事件，因此，建议大家不要带太多现金，出国前可以办理一张或几张双币信用卡或银联卡，避免财物损失。

此外，一定要保管好自己的护照，最好将护照复印件放在另一个包里，万一不慎将护照遗失可以马上打电话给使馆要求挂失。美国和加拿大的报警电话都是911，英国的报警电话是999。中国公民在国外如遇到任何麻烦、威胁、危险等需要求助或帮助时，可以拨打电话12308，这是中国外交部全球领事保护与服务应急呼叫中心的热线电话，为中国公民提供24小时领事保护与服务。

知识拓展

世界大学排名

美国有多个机构对大学进行排名，其中最有影响力的就是由《美国新闻与世界报道》(US News)发布的美国大学排名，即US News排名。

随着高等教育的全球化，US News于2014年10月正式推出US News世界大学排名。US News世界大学排名与泰晤士高等教育世界大学排名、QS世界大学排名、ARWU世界大学学术排名是公认的四大权威的世界大学排名。

2019年US News世界大学排名是US News第五次发布全球大学排名。重点关注各学校的研究表现，包括国际声誉、区域内声誉、学术研究表现，并且通过论文发表量及引用率等进行量化。

资源共享

一、精彩图片

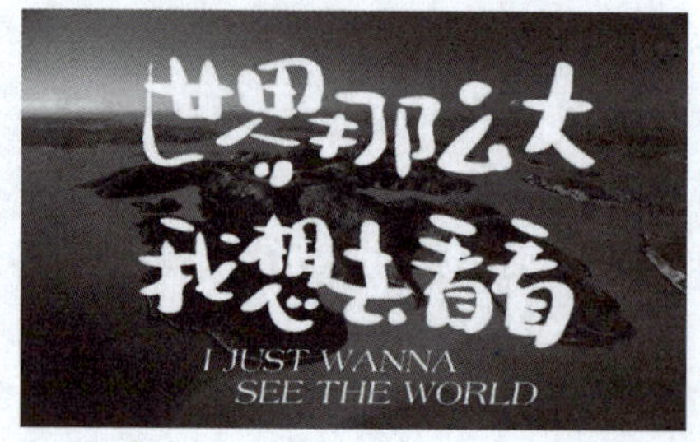

一起去看世界

签证资料准备

美国校园生活

餐厅小费

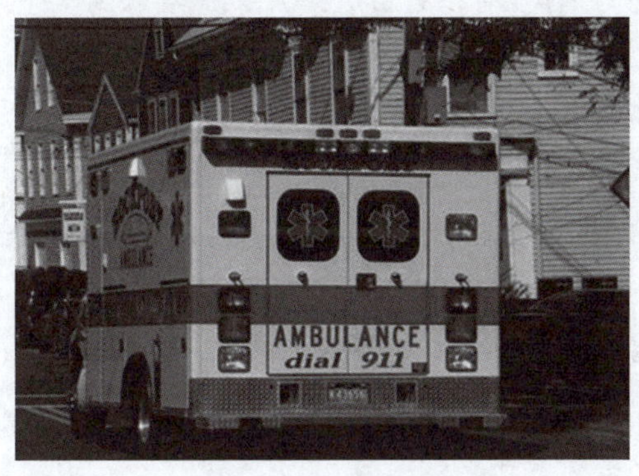

美国911急救车

二、图书推荐

[1] 陈屹. 名校之路[M]. 北京:中信出版社,2016.

[2] 出国留学指南编写组. 出国留学指南[M]. 北京:经济科学出版社,2010.

[3] 李睿鸿. 从北京到斯坦福:北京女孩手把手教你申请常青藤大学[M]. 北京:中国商务出版社,2018.

[4] 吴军. 大学之路:陪女儿在美国选大学[M]. 北京:人民邮电出版社,2018.

[5] 张锦娥. 留学美国中学:进入美国顶级大学的捷径[M]. 北京:法律出版社,2011.

三、视频推荐

(1)纪录片《世界的孩子:我在美国读高中》。

(2)电影《陪安东尼度过漫长岁月》。

(3)短片电影《毕业了温哥华》。

(4)大型电视纪录片《留学生》第一部:《英伦的天空》。

(5)10集系列纪录片《我们的留学生活——在日本的日子》。

本章测试

一、判断题

请判断下列句子是对还是错。

1. 英美国家的硕士学制是一样的，一般都需要 2 ~ 3 年。（　　）

A. 对　　B. 错

2. 美国高校的录取方式包括提前录取（Early Admission）和常规录取（Regular Admission）。（　　）

A. 对　　B. 错

3. 美国大学实施学分制管理，学生可以自由选择课程，只要修满学分，就可以顺利毕业。（　　）

A. 对　　B. 错

4. 在美国，申请驾照必须年满 18 周岁。（　　）

A. 对　　B. 错

5. 在美国，未经对方允许不可以使用手机或者相机拍摄对方的照片或房屋等私人物品。（　　）

A. 对　　B. 错

6. 去美国留学，可以根据个人意愿决定是否购买保险。（　　）

A. 对　　B. 错

7. 在加拿大开车，白天也必须打开车灯。（　　）

A. 对　　B. 错

8. 在美国驾车，车上不满五周岁的孩子必须乘坐儿童专用安全座椅并系好安全带。（　　）

A. 对　　B. 错

9. 在泰国旅游时，最好不要对当地人竖大拇指，这个手势非常不友好。（　　）

A. 对　　B. 错

10. 英国、美国和加拿大的报警电话都是 911。（　　）

A. 对　　B. 错

二、选择题（单选或多选）

请在下列 A、B、C、D 选项中选择一个或多个正确答案。

1. 申请去英联邦国家留学，需要参加的语言考试是（　　）。

A. SAT　　B. ACT　　C. TOEFL　　D. IELTS

2. 出国留学在申请学校时，需要考虑的因素包括（　　）。

A. 学习和生活环境　　B. 学校和专业排名

C. 学习成绩和费用　　D. 学制长短和就业机会

3. 申请就读美国研究生院，涉及的考试包括（　　）。

A. SAT　　B. TOEFL

C. GRE　　D. GMAT

4.(　　)属于航空公司禁止随身携带登机的物品。

A. 150 mL 液体化妆品　　B. 打火机

C. 水果刀　　D. 书籍

5. 欧美国家有给服务人员付小费的习惯,(　　)是需要付给小费的。

A. 机场的行李搬运工　　B. 出租车司机

C. 酒店、宾馆的服务员　　D. 跟团旅游时的导游和司机

6. 在美国考取驾照,(　　)是必须要参加的。

A. 驾校培训班　　B. 理论考试

C. 道路考试　　D. 视力和身体检查

7. 出国旅游前,一定要做好功课,了解当地的(　　),才能做到文明旅游。

A. 风俗习惯　　B. 法律法规　　C. 宗教信仰　　D. 特殊禁忌

8. 在新加坡旅游时,(　　)是禁止的。

A. 随地扔垃圾　　B. 公共场所抽烟

C. 吃口香糖　　D. 用完洗手间不冲水

9. 美国的报警电话是(　　)。

A. 911　　B. 119　　C. 110　　D. 999

10. 中国外交部全球领事保护与服务应急呼叫中心的 24 小时热线电话是(　　)。

A. 12315　　B. 12580　　C. 12308　　D. 12312

三、思考题

1. 请问出国留学面临最大的困难是什么？如何克服文化冲突并尽快适应当地的文化和融入当地的文化中去？

2. 如何培养一个人的跨文化交际意识和跨文化交际能力？

第九章 跨文化交际经验分享

第一节　跨文化交际攻略

如何具体运用之前所学知识？

国外生活的真实情况是什么样的？

面对这些问题，我们邀请到几位曾经有海外留学及访学经历的朋友，来一起聊聊他们在国外学习、工作和生活的真实经历。

海外访学的教师有：

刘永杰　美国中佛罗里达大学

蒋正宏　澳大利亚昆士兰大学

李晓静　美国波士顿东北大学

陈行杰　英国朴次茅斯大学

海外留学的学生有：

Ellie 正在申请昆士兰大学硕士

Anna 美国普渡大学大二在读

Amber 毕业于英国凯迪夫大学

Leo 毕业于英国凯迪夫大学

视频文本

一、留学攻略

1. 如何选择留学国家

在选择出国留学和访学的国家时，多数人倾向于选择自己专业方面排名靠前的学校所在的国家，例如，英国的工程和金融等专业；有些人比较关注不同国家、不同学校所要求的学制长短，例如，有些学校要求研究生学制 2 年，而另一些学校则要求 1 年，考虑到学制也跟个人和家庭的经济情况相适应，学制越长，花费将越多，但也相应地学到了更多知识；还有一些人，特别是出国访学的学者，除根据自己研究领域排名较靠前的学校选择访学国家外，还有一个重要的参考因素，即根据其导师的所在地选择访学国家。此外，留学或访学国家的气候环境、人文特色、安全系数等也都是大家选择留学或访学国家时可以参考的因素。

2. 出国语言成绩要求及考试准备

要想出国留学，需要进行语言考试。一般来说，去英联邦国家，如英国、澳大利亚等国家，需要参加雅思考试，不同的学校对英语的要求不同，例如，申请澳大利亚的研究生学位，有些学校要求雅思总分不低于 6 分，或 6.5 分；有些学校还会单独要求雅思写作的成绩不低于 6 分。语言未达到入学要求时，可以申请语言课程，学校会根据每位同学的雅思成绩安排几周或十几周不等的语言课程，期满通过考核后，方可顺利入学攻读学位课程。当然，如果申请美国的学校，建议大家考托福。

不过需要注意的是，有些同学为了达到入学要求而频繁地参加考试刷成绩，其实这样并不能保证自己的语言水平真实的达到了相应的阶段。语言考试成绩和在国外实际运用语言进行交流还是存在很大差异的，因此建议一些靠刷成绩而达到申请标准的同学，应该参加一些语言类培训课程来帮助自己更加顺利地适应国外的语言环境。

视频文本

扫码看视频

二、学术攻略

1. 国外学习选课与成绩

入学选课时，核心课程也就是必修课是一定要选的。在美国，有些学校会为大一新生提供选课指导，在这里建议大家按照学校的选课指导进行选课。此外，在核心课程必选的同时，可以按照自己的兴趣选择选修课。通常情况下，只修核心课程并不一定能修满学分，因而选择选修课也是非常必要的，但是选修课的可选择性较强，一般会有几个备选课程可供选择，有些大学的选修课可以跨专业选择且一些课程是国内大学很少开设的，例如，在澳大利亚留学的同学，曾选修过哥特历史；还有在英语国家留学的同学选修日语，也就是用英语来学日语，这些课程都是国内大学不多见的。因此同学们可以抓住选修课的机会多拓宽自己的知识面。

需要注意的是，相对于选修课来说，必修课是更加重要的。在美国，即使在总学分修满的情况下，如果核心课程（也就是必修课）成绩未达标，也是不能毕业的。因此同学们一定要合理安排好自己的学习计划。

说完选课，我们再来聊一聊考试。对于留学生们来说，国外大学的考试并不比国内的大学轻松，如果想取得较好的成绩同样需要付出很大的努力。一些同学喜欢考前突击学习，诚然这种方法也许能在一定程度上提高学习效率，但功夫还需下在平时。上课认真听讲，下课按时完成老师布置的作业，积极参加小组讨论等日常学习，是非常重要的。

下面给同学们一些考前小提示：在英国卡迪夫大学留学的同学提到，考试前最好去学校的图书馆搜索往年考试的题库及相关资料，认真做一下往年的考题，对于期末考试的成绩提高非常有帮助。另外，有些老师在讲课时可能不完全按照课本顺序进行讲授或加入一些个人发挥的内容，但考试一般还是以课本内容为主，因此同学们必须认真学习课本上的知识。最后也是最重要的提示：在国外如果考试作弊被发现，后果将是很严重的，将会在你的档案中留有记录，十分影响今后的深造，甚至影响申请永久居留或移民。有些学校可能会开除作弊的学生，如果情节严重，甚至会触犯国外法律而遭牢狱之灾。因此特别提醒同学们：出国留学就是为了学到更多的知识，千万不要本末倒置，要把功夫下在平时，不要在考试中作弊。

2. 国外大学生课下最经常去的地方

图书馆是同学们最经常去的地方，因为图书馆不但有完善且先进的设施，浓厚的学习氛围，还有可以专门供同学们小组讨论的讨论室，配有多媒体等设施，方便大家学习和交流。另外学校图书馆的电脑一般装有专门的软件可供同学们在线提交作业，非常方便。

除了图书馆，大家也经常会在环境优美且安静的校园或者周边公园中进行学习和交流，还有同学比较喜欢在咖啡馆中学习，一方面感受国外的文化，一方面多听多看当地人如何交流，有利于提高自己的英语水平。

对于一些出国访学的学者而言，多数人不需要去上课，他们的学习时间和地点安排较灵活。通常他们会去听各种讲座，跟自己的导师一起做项目，参加社会实践、搜集研究资料等，还有一些学者会参加一些交流会、座谈、文化活动，并借此机会向当地人传播中华文化，展示中国魅力。

视频文本

三、生活攻略

1. 国外留学的住宿问题

对于想要出国留学的人来说，能否在国外找到一个满意的住处是大家比较关心的问题。一般来说，不论对于留学生还是访问学者来说，在国外的住处大体分为三种：homestay、学校宿舍、校外租房。

有些同学高中就选择出国留学，在澳洲高中留学生是必须住校或者住 homestay 的，而大学生或者更高学历的留学生，可以自主选择住处。

Homestay 就是住在当地人家中，由房主为留学生提供食宿，有些还提供上学的接送。

Homestay 是一个比较好的融入当地人生活的方式，但是却对房主有较高的要求，有些留学生想住在当地人家中学习英语，但是也会遇到房主也不是英语语言国家的人，可能就对英语的学习没有那么大的帮助；另外和外国房主朝夕相处，也是非常考验一个人的跨文化交流能力；同时由于国外社会结构较复杂，人种较多元，住 homestay 还会与房主有一些饮食习惯上的冲突，但换个角度想，也可以品尝到最地道的异国风味。因此如果大家想提高自己的英文水平，同时感受最地道的当地文化，建议选择在英语为母语的当地人家中居住。

学校宿舍也是留学生们常选择的住处。学校宿舍通常在校内或离学校非常近，生活学习非常便利。其次，住学校宿舍能够增加很多与同龄人交流的机会，使同学们能够更好地适应留学生活，不会感到太孤单。需要提醒的是，由于学校宿舍的数量有限以及其他原因，很多学校不对访问学者提供校内住宿，因此访问学者要住宿只能找 homestay 或在校外租房。

校外租房是一种比较自由的居住方式。很多留学生和访问学者选择在校外租房居住。在英国有些学校附近会有第三方服务公司为留学生或上班白领提供公寓出租，这样的公寓 24 小时有人安保，各项服务设施和管理都很完善，房租一般同校内宿舍租金相近，因此也是很多同学青睐的选择。在澳洲，可以通过当地的中澳交流服务网站查找房源，一般租房可分为整租或合租。澳洲房租是按周收费，合租通常是 140 澳元/周到 250 澳元/周不等，整租则相对贵一些，但也要看具体情况，如房子的大小和交通便利的情况等。

对于访问学者来说，校外租房几乎是大家共同的选择，因为很多学者在访问期间会带着自己的孩子一起访学，一方面让孩子在国外多长见识，多接触不同国家的人；另一方面也方便照顾孩子。因此他们通常会选择自己整租一小套公寓而不与人分租，这样较有利于孩子的成长和安全的保障。通常情况下，访问学者还会在租住地附近为孩子安排入学。在美国，为孩子办理入学一般需要提交当地相关部门对访问学者正式身份的认证以及在学区内的租房证明。孩子入学后，如家庭有特殊情况还可以申请免费早午餐和校车服务。

某些国家的某些城市，如美国的波士顿，高校云集、人口密度大，因此在波士顿租房并不轻松，建议到波士顿留学或访学的同学及学者，如有亲人或朋友在当地，最好在出国前请他们先帮忙留意一下住处；如没有，应先找好临时住处，等到达后再尽快想办法。想在学区内找到好的房源比较不易，因此可以寻求当地房屋中介帮助找房。

综上，大家在选择海外留学住处时，应较多考虑其安全性、地理位置、价格等因素。建议大家尽早规划和准备以避免居住不适、频繁的搬家带来的麻烦。

2. 国外留学兼职建议

很多留学生在国外留学期间会选择兼职打工，一方面可以锻炼自己，另一方面可以赚取一些生活费。由于语言等一些条件的限制，很多人会选择在中餐厅、咖啡馆或者华人超市做兼职，这些工作通常是按小时计算工资，并且没有底薪。例如澳洲的兼职工资通常在一小时 10 澳元至 20 澳元之间。有些同学认为兼职工作占用了很多学习的时间，并且收入不高，因此不推荐在留学期间做兼职；有些同学则觉得适当的多接触一下当地社会也是一个比较好的锻炼机会，因此建议尝试；还有些同学则因为学习任务比较重而没有时间兼职打工。总之，不是每个同学都适合去做兼职，也不是每个同学都有必要去做兼职，要根据自己的实际情况而定。

视频文本

四、求学与交际能力

出国在外对每一个留学生和访问学者来说，都是对个人能力的不小考验，那么我们在国外生活、学习和工作需要具备哪些比较重要的能力呢？以下大致总结了几点：

首先，必须要有自理和自立的能力，要积极主动适应国外生活，合理安排好自己的学习和生活时间。在国外学习对个人的自主能力要求较高，在国外没有老师监督学习，没有人提醒要交作业或参加考试，因此同学们需要自己格外操心学校和老师规定的时间要求，做好学习规划，注意查看邮件接收通知，按时提交作业、参加考试，不要因为粗心或没有及时查看通知而错过要求时间，导致该课程考核不通过。

其次，想要很好的融入当地社会，还需要有跨文化交际的能力。有些同学由于个人性格问题或语言方面的障碍，不敢或害羞与人交流，因而封闭自己、变得不自信或导致各种心理问题。其实在国外生活、学习和工作，不可避免地要与人交流，与其逃避不如勇敢迈出第一步，有同学说需要有“厚脸皮的能力”，这其实是很重要的，因为我们不论在课堂上回答问题、课后与同学讨论、生活中去超市购物、与房东打交道、参加社会活动或做志愿者等，都需要开口交流，也许初次会遇到沟通障碍或因对当地风俗习惯了解不够而造成误解，但只要继续坚持尝试就一定会有进步和收获。另外，与人沟通时除了运用语言以外，还可以运用肢体动作等非语言方式进行沟通，总之只要能够表达出自己的意思，绝大多数人都会乐于给予理解和帮助。

另外还有一些能力，如驾车、做饭、辨认方向、识别地图等都是在国外生活很必要的技能。许多国家除了个别繁华的城市以外，其他城市多是地广人稀，出行多需乘坐公共交通工具或驾车，但不论乘车还是驾车对方向的辨别和对地图的识别都是要经常用到的，因此掌握这些能力，将为留学生活提供很多便利。

视频文本

五、法律与安全意识

在国外生活，最好先了解一下当地的基本法律法规，有些初到国外的人可能会因为不懂相关法律法规而在无意识间触犯了当地的法律。例如，在国外驾车，如果超速会被开具罚单，罚单一般是以信件的形式寄送到当事人家中，收到信件后需要及时缴纳罚金，如过期未交罚金会受到加倍处罚。但是有些人因为搬家或其他原因，没有及时更新住址，以至于未收到罚单而超过缴纳罚款期限，甚至需要上法庭，这些损失都需要自己承担。

同时提醒大家，尽量不要一个人在夜晚外出或长久停留在无人的地方，平时可以放些零钱在口袋里，以防止真的遇到抢劫时无钱打发劫匪而受到人身伤害，但是身上尽量不要放大量现金，如需消费可用银行卡或者信用卡。如果在国外遇到危险或者麻烦，可联系当地大使馆请求帮助；同时要学会自我保护，如遇到居心叵测或故意挑衅的人，不要胆怯和不知所措，一定要坚定自己的立场、不卑不亢，并立刻寻求帮助。

有些同学可能听说过在国外街头发生的暴力事件，如路遇陌生人挑衅、骚扰、辱骂等。这样的事情确实存在，但概率不高，大家不必过分担心。通常情况下挑衅者并不针对某个人，而是一些正处于青春叛逆期的当地青少年或者流浪汉随机对路人进行的挑衅或索要钱财，遇到这样的事件大家不要慌张，也不要表现得过于惊恐，只要不去理会他们即可。如继续纠缠不放，给一些零钱并借此尽快脱身，尽量不要与他们发生冲突。如果发生冲突或争执，大家一定要记得不要有语言威胁，更不要主动攻击引发肢体冲突。在美国，如果发生矛盾时采取语言威胁和肢体冲突进行解决，将会使自己面临牢狱之灾。还要提醒大家一点，有些同学思维活跃，偶尔会在网络上开玩笑说一些敏感话题，例如，在美国谈论“某人或自己要持枪威胁别人”等，这些言论很有可能会使警察找上门来。所以，在国外，一定要先了解一下当地的法律法规、日常生活禁忌等相关问题，不但以此来保护自己，更是为了避免发生不必要的麻烦。

视频文本

六、跨文化交际收获

很多留学生和访问学者回国后都表示,国外学习的经历给自己带来了很大的收获。尽管收获因人而异,但以下几点是大家共同的感受。首先,出国留学使大家增长了见识、拓宽了思路,丰富了人生阅历,出国后大家融入了多元文化的社会,学会了用包容的眼光看世界,同时更收获了世界眼中的中国形象,对自己和祖国也有了更进一步的认识。其次,在国外生活对个人的成长成熟有很大的历练,许多人在这期间学会了规划时间,养成了自我管理的好习惯。另外,处在跨文化交流的社会中,各种资源也较国内更加丰富,特别是对于出国访学的学者来说,身处跨文化交流的社会中更加便于搜集资料、实地调研、掌握最新科研动态和提高研究能力。一些研究跨文化交流的学者也提到,以往在国内的教学由于没有亲身的经历,即使理论的内容再丰富,也只是停留在纸上谈兵,而出国访学的经历,使课本上的内容活了起来,也使讲授的内容丰富了起来,有利于今后的教学和研究工作的深入开展。

总之,不论留学还是访学,国外生活的经历能够开阔视野、丰富人生阅历,还能为今后的学习和科研工作提供更新更权威的第一手资料,希望通过本章内容能为大家的跨文化交流提供更多帮助。

第二节 冲突化解攻略

视频文本

今天我们邀请了几位曾在境外生活,或是来自境外的朋友,谈一谈他们学习工作时曾遇到过哪些文化冲突(culture shock),一起来分享一下经验。同时也给同学们提供一些建议,如何去克服文化冲突(culture shock)。其中“曾”代表作者曾利娟。

一、Tovi(美国外教)访谈

首先我们采访一下郑州大学的外教 Tovi,他是从美国来的。

曾:“Tovi,来中国之前学过汉语吗?”

Tovi:“来中国之前,我一点汉语也没学过。只能说几个字‘谢谢’,还有‘你好’。”

曾:“那你现在的汉语讲得非常好,你大概用了多长时间学汉语?”

Tovi:“我是到中国之后开始学的。学了三年多,快四年。”

曾:“能不能给大家分享一下学汉语的技巧,也让我们的学生有所借鉴。他们学了六年、八年,甚至十年的英文,但口语交际能力还不能达到顺利交流的程度,你有什么秘诀吗?”

Tovi:“学汉语有一个重要技巧就是要多听。汉语和英语不同,但汉语和英语其实都好学。我们应该先练习听懂新语言,然后再尝试着说,勇敢地说,不怕出错。另外,多跟本地人交流,练习听力和口语。”

曾:“难怪你的汉语在三四年的时间突飞猛进。那你刚到中国时,有没有不适应的情况?中美两国之间有什么差别?”

Tovi:“中国人口众多,中华美食很不错,虽然中美环境有很大差异,但我通过调整大约一个月后就习惯了这里的生活。”

曾:“那你的文化适应能力还是很强的。当你在中国住了三年多后又回到美国,是否又感觉有了新的文化冲突,有什么不适应吗?”

Tovi:“过马路时,已经习惯了人让车,等车过去再过马路,而车辆也在等我,他们习惯了车让人。”

二、William(留学新加坡)访谈

曾:“William,你是在新加坡学习并工作了一年后才回国,中国和新加坡都属于东方国家,能否谈一下你遇到的文化差异。”

William:“一开始去新加坡,原以为会很快适应,但一下飞机就感受到了气候的差异,非常潮湿。我19岁去新加坡,那是一个多元化的国家,包括饮食多元化、公民多元化。比如印度人的咖喱饭和印度飞饼、马来人的荷叶饭、中国人的海南鸡饭。我会经常在外面体验不同美食。新加坡的英语口音也很有特点。”

三、Vivian(留学美国)访谈

曾:“Vivian,你是从美国读完硕士后,又到香港继续攻读博士学位,那么你能不能谈一谈你初到美国遇到的Culture shock?”

Vivian:“刚到美国时有很多地方不适应。刚去的前三个月,在语言交流上感觉很困难,比如点菜时,还要加一些肢体语言。美国人对新来的亚洲面孔很新鲜,会用给些pickle(泡菜)的方式表示友好和欢迎。虽然不喜欢吃泡菜,但刚开始我不好意思直接拒绝,但后来了解到在美国不喜欢可以直接表达出来。”

曾:“在生活上有没有遇到其他困难?”

Vivian:“刚到美国时要自己租房子,买家具,得到了很多中国同胞和美国朋友的帮助。其中一个美国女孩的独立精神给我留下了深刻印象。当一位男生提出帮她一起搬重物时,她再三拒绝了别人的帮助,一再强调自己的力量可以做到。这一点和中国女生有些不同,我们会觉得男生帮忙的行为是一种绅士风度的体现。”

曾:“回国后有没有什么文化上的不适应?”

Vivian:“回国后,最大的不适应就是排队问题。国内排队比较松散,但现在也有很大的进步。”

四、Siren(留学澳大利亚)访谈

Siren:“刚到澳大利亚的时候,感觉蓝天白云,人烟稀少;陌生人之间也会相互打招呼。人们比较开朗,与国内人们内敛的性格形成反差。但在后来的生活中,发现了一些交际方面的问题,尤其是打电话时,需要反复确认,沟通很多遍才能理解。究其原因,应该既有口音和语速的因素,也有缺乏肢体语言作为辅助的因素。后来通过不断练习,逐步进入到适应阶段。适应以后,在那里的生活和学习就变得顺利愉快。”

曾:“回国后有没有什么文化上的不适应?”

Siren:“觉得国内比较热闹,人山人海。另外,由于澳大利亚是右舵车,所以回国后需要调整适应一段时间才能开车。”

五、讨论和总结

今天我们讨论了“文化冲突”(Culture shock)的话题,外教老师和各位同学都分享了自己的经历和宝贵经验,谈到了初到当地时有哪些不适应,又如何通过学习当地的语言文化来克服障碍。最后,我想让大家为现在准备出国的同学提一些建议,帮助他们在外能很快适应新环境,缩短文化冲突的时间。

William:“出国三件宝,一样不能少,银行卡、电饭煲、老干妈调料。”

Siren:“要有一个积极、开放、乐观的心态,只有在国外广泛的和外国居民交流,才能尽快地融入当地的文化中,适应当地的生活,为自己打开方便之门,让自己成长得更快!”

Vivian:“鼓励大家多参加当地组织的义工活动。你会认识很多当地的朋友。”

Will:“建议同学们好好学英语,磨刀不误砍柴工,打铁还需自身硬。扎实的英语基础可以使你在出国后如鱼得水。”

相信同学们会从你们的经历中吸取一些出国留学的经验和教训,也希望我们的学生在选择出国留学时能够顺利、愉快!

知识拓展

美国禁止未成年人饮酒相关法规

未成年人喝酒在许多国家都是违法的,美国颁布了《禁止未成年人饮酒法》防止未成年人饮酒。在美国,为了减少年轻人接触酒精及减少饮酒机会,各州把饮酒最低年龄提高到了21岁。此外,各州规定21岁以下的驾驶人,其血液中酒精浓度不得超过0.00%或0.02%,以减少肇事率。

加州法定饮酒年龄为21岁,也就是说,任何商店和个人禁止向低于这一年龄的未成年人提供酒精含量超过百分之零点五的酒精饮料。21岁以下的人甚至不可以在州立公路或校园内或学校附近

等公共场所携带酒类。

未成年人还应遵守县市条例，禁止在公园或娱乐场所饮用酒精饮料。任何成年人或未成年人在禁区内携带开瓶的酒都属于违法行为。

资源共享

一、精彩图片

国外大学校园一景

国外大学授课形式

课上讨论

国外大学校内食堂

国外大学图书馆多媒体室

二、图书推荐

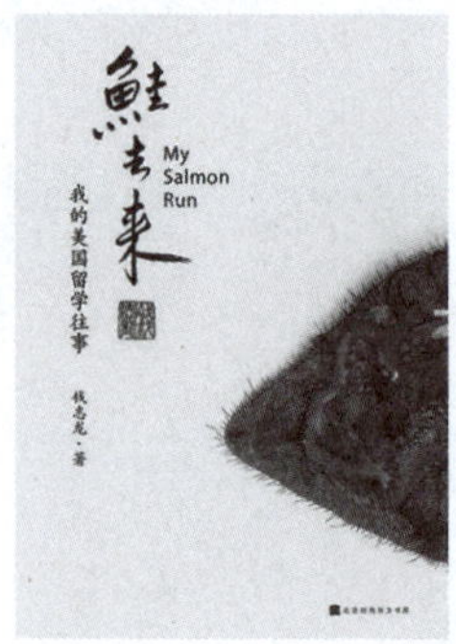

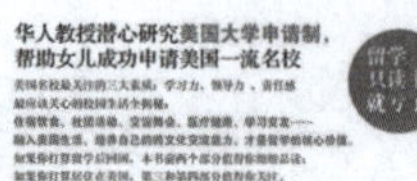

[1] 钱志龙. 鲑去来[M]. 北京:北京时代华文书局,2019.

[2] 廖元辛. 新留学青年[M]. 北京:作家出版社,2018.

[3] 陈小宁. 美国留学·生活[M]. 北京:人民邮电出版社,2014.

[4] 向畅颖,金梦潇,郑权一. 作品集炼成记[M]. 北京:机械工业出版社,2018.

三、视频推荐

短片《我们留学生》。

本章测试

一、判断题

请判断下列句子是对还是错。

1. 申请出国留学,若语言成绩未达到学校要求,可攻读语言课程,课程期满并经考核通过后,方可正式攻读学位课程。(　　)

   A. 对　　　　B. 错

2. 语言考试成绩能够直接代表个人的语言水平,语言成绩达标就证明能在国外的实际生活、工作和学习中适应真实的交流。(　　)

   A. 对　　　　B. 错

3. 访问学者出国一般都选择住学校宿舍,这样比较方便日常的学习和科研工作。(　　)

   A. 对　　　　B. 错

4. 在国外留学,如果在考试中作弊被抓,学校会考虑到学生的信誉记录而只做出相对人性化的处罚,如写检查或补考。(　　)

   A. 对　　　　B. 错

5. 图书馆是中国留学生最经常去的地方,因为图书馆不但可以看书、写作业,还有可供小组学习的讨论室以及方便在线提交作业的软件系统。(　　)

   A. 对　　　　B. 错

二、单选题

请在下列A、B、C、D选项中选择一个正确答案。

1. 出国前可携带的物品，不包括(　　)。

A. 大量现金　　B. 适量药品

C. 一些中国特色的小礼物　　D. 书籍和学习资料

2. 在国外开车超速被开具罚单，一般会以(　　)的方式通知当事人。

A. 电话通知　　B. 短信通知

C. 电子邮件通知　　D. 信件通知

3. 以下关于选课和考试的说法，正确的是(　　)。

A. 核心课程不一定必须选择

B. 核心课程考核未通过，但只要总学分修满也可以毕业

C. 选修课可以按照个人兴趣在可选范围内进行选择

D. 选修课不能跨专业选修

4. 在国外如果生病或需要就医，以下说法正确的是(　　)。

A. 可以直接去医院看病

B. 需要先预约就诊时间和接诊医生

C. 所有药品没有医生处方都不能直接去药店买

D. 海外学生保险一般不覆盖看病就医的任何花费

5. 国外留学期间打工或兼职，应该把握好什么？(　　)

A. 应该多做几份兼职赚取生活费

B. 应该充分考虑个人的学习和工作情况而选择兼职

C. 不要打工或兼职，必然会影响学习

D. 可以从国内携带一些物品，如香烟，私下出售

6. 以下关于在国外驾驶机动车，错误的说法是(　　)。

A. 必须通过当地的机动车驾驶考试

B. 如有中国驾照须通过当地的专业机构认证

C. 只要持有中国驾照及翻译文件就可以直接在国外上路

D. 有些国家的驾驶方向与中国相反

7. 访问学者想要在国外为孩子办理入学，一般需要(　　)等证明材料。

A. 相关部门对访问学者正式身份的认证以及在学区内的租房证明

B. 该访问学者在国外的收入证明

C. 该访问学者在国内的收入证明

D. 该访问学者的无犯罪记录

8. 在国外参加聚会或去朋友家做客时，应该注意什么？(　　)

A. 只需要按时到达即可，不需要提前到达

B. 聊天时可以聊一些比较敏感的话题

C. 可以带些小礼物送给朋友们

D. 买单时建议大家轮流请客

9. 在电梯里或路遇陌生人，下列哪种做法是恰当的（　　）。

A. 尽量不要有眼神接触，避免他人图谋不轨

B. 一般情况下可以点头或微笑

C. 如对方主动攀谈，可以与人畅聊以提高英语水平

D. 如果是白天，可以对人暴露你的行踪

10. 关于校外租房住宿，以下说法错误的是（　　）。

A. 一定要与房东签订书面租住协议，并仔细阅读条款

B. 做饭炒菜油烟较大时可能会触发烟雾报警器

C. 与陌生人合租时一定要锁好房门并管理好公共区域的个人物品

D. 未经房东的允许，可以容留他人借宿

11. 选择留学国家时有哪些参考因素？（　　）

A. 目的国的气候、人文环境、安全系数

B. 个人和家庭的财务能力及目的国的兑人民币汇率

C. 选择自己专业排名较高的院校所在的国家

D. 根据自己导师的所在地选择目的国和学校

12. 在国外如遇到危险或者挑衅，应该怎么办？（　　）

A. 最大限度保护自己人身安全

B. 在兜里装些硬币以防坏人纠缠

C. 在第一时间勇敢的回击

D. 若问题严重或认为有必要，可寻求大使馆帮助

13. 国外留学住宿有几种选择？（　　）

A. 学校宿舍　　B. 校外租房　　C. Homestay　　D. 酒吧

14. 在国外留学和交际需要具备（　　）。

A. 自理和自立的能力　　B. 随机应变的能力

C. 驾车或做饭等独立生活能力　　D. 跨文化交际能力

15. 独自出行应注意哪些事项？（　　）

A. 尽量不要夜晚独自一人出行

B. 尽量不去人烟稀少的地方

C. 如遇到友好的外国人邀请搭便车可以答应

D. 最好了解一下当地治安欠缺的地方并尽量避免前往

三、思考题

1. 如何充分利用留学时光为今后的继续学习或职业规划做准备？

2. 如何看待跨文化交流过程中的文化碰撞？

第十章 文明互鉴与文化传承

第一节 人类古代文明成就

视频文本

纵观人类历史，伴随着生产工具和科学技术的不断改进与提升，人类文明也随之不断进步与发展，依次经历了旧石器和新石器时代、青铜器时代、铁器时代、蒸汽时代、电气时代以及信息时代。在人类历史长河中，不同国度的人民曾经创造了不同类型的文明：如农耕文明、海洋文明、商业文明、工业文明等。这些辉煌的文明成就为我们后人留下了丰富而宝贵的物质财富与精神财富，为推动人类社会的进步与发展做出了不可磨灭的贡献。

提起人类文明的起源，人们脑海中马上会想到四大文明古国：古巴比伦、古埃及、古印度和中国。这些文明古国不仅创造了各自的文字，建造了城邦和雄伟的建筑，而且还在天文、历法、数学、哲学、法律、医学、宗教、文学、艺术、音乐、科技等领域都取得了辉煌的成就，为人类文明不断发展奠定了坚实的基础，贡献了卓越的智慧，也为后人研究人类历史发展轨迹提供了宝贵的研究资料。

1. 美索不达米亚文明（古巴比伦文明）

古巴比伦人曾经生活在底格里斯河和幼发拉底河的两河流域，他们曾经建造了目前世界上公认的最早的城市，发明了楔形文字，制定了人类历史上最早的一部成文法典——《汉穆拉比法典》，由于该法典是刻在石柱上的，所以又称“石柱法”。该法典正文包括 282 条法律，涵盖诉讼程序、财产关系、继承、转让、借贷、婚姻、惩罚等内容。成语中常用的“以眼还眼”就出自该法典。

此外，古巴比伦还是人类最早发明和使用60进位的国家。我们现在仍在使用的时间就是以60进位计算的。在天文历法方面，古巴比伦人是最早采用一年十二个月和闰月农历的国家之一，他们还用太阳和月亮等天体名称来命名一周的七天，例如，星期日被称为Sun Day，星期一被称为Moon Day。

古巴比伦人特别擅长建造房屋、寺庙和宫殿，在建筑方面取得了很大成就，其中代表性建筑有著名的“空中花园”，被列为“世界七大奇迹”之一。

2. 古埃及文明

古埃及文明起源于尼罗河流域。古埃及由上埃及和下埃及两个王国组成。大约在公元前3100年，上埃及大军在国王美尼斯的率领下，征讨下埃及，统一了埃及，并建立了埃及“第一王朝”，标志古埃及文明的兴起。

古埃及人创造了象形文字，最初是刻在寺庙的石头上或碑文上，后经简化写在纸莎草或木牌上，古埃及文字被希腊人称为“圣文”。

古埃及人在建筑方面取得的最大成就是建造了世界上最大的金字塔，其中最大的一座金字塔叫“胡夫金字塔”。在当时没有现代机械化设备和科学技术支持的情况下，埃及人是如何建成金字塔的至今仍然是一个迷。埃及金字塔其实是法老们，也就是国王们的陵墓，法老们死后，他们的尸体被制成木乃伊，存放在金字塔内，说明当时的埃及人已经掌握了医学中的解剖学原理。

在数学方面，古埃及人发明了算术、几何学、方程式和十进位，他们还会使用加、减、乘、除、小数点和圆周率进行运算。

在历法方面，埃及人发明了阳历历法，他们把一年分为12个月，每个月30天，每年年末再增加5天。埃及人还发明了纸莎草纸，当时的欧洲人还在使用羊皮纸和牛皮纸，纸莎草纸的出现受到很多欧洲人的欢迎，之后中国发明的造纸术和活字印刷术传入欧洲，大大降低了书籍的印刷成本，促进了欧洲教育的普及与发展。

古埃及人创造的文明成就对后来西亚、希腊和欧洲的文明进步具有很大的影响。

3. 古印度文明

古印度文明发源于印度河流域，历史上称之为“印度河文明”。中国古代把印度称为“天竺”。古印度人发明的文字看起来很像我国的篆刻印章，故又被称为“印章文字”。

古印度有着森严的社会等级制度，他们采用“种姓制”，将社会成员分为婆罗门（第一等级）、刹帝利（第二等级）、吠舍（第三等级）和首陀罗（第四等级）四个阶级等级。各个等级职业采用世袭方式，互不通婚，界限森严。“种姓制”对印度社会产生了极其深远的影响，“种姓制”一直延续到1950年才被印度政府废除。

泰姬陵是印度的标志性建筑。泰姬陵全称为“泰姬 · 玛哈尔陵”，是印度莫卧儿王朝第五代皇帝沙 · 贾汗为纪念他已故的皇后阿姬曼 · 芭奴修建的陵寝，整个建筑采用纯白色大理石建造，不仅是印度的代表性建筑，也是伊斯兰教建筑中的代表。

4. 中华文明

我们在绪论中学习了中国古代文明。下面我们就来讨论一下为什么在众多文明古国中，只有中华文明是唯一没有中断过的。

1)中国文字的传承

众所周知,语言是文化的载体,一个国家或民族一旦失去了自己的语言,文化便会随之消亡。中华文明之所以能够传承下来,其中最重要的一个原因就是我们的汉字,从甲骨文、金文、篆书、隶书、楷书、行书到草书,无论字体如何变化,都依然能够被后人认读和书写,代代相传。

2)中国人的血脉传承

几千年来,无论风云如何变幻、朝代如何更迭,中华民族都未曾被外族侵占、灭绝和同化,我们的根和血脉一直未曾改变。

3)中国人的思想传承

儒家思想也称儒学,是由春秋末期伟大的思想家、教育家孔子所创立,是中国古代统治者推崇的主流思想,其核心内容包括“仁、义、礼、智、信”,其经典著作主要有“四书五经”,其中《论语》《中庸》《孟子》和《大学》合称“四书”,《诗经》《尚书》《礼记》《周易》《春秋》并称“五经”。儒家思想不仅对中国产生了重大影响,而且对东亚、东南亚乃至全世界都产生了深远影响。

中国另一个思想流派是道家,其代表人物有老子和庄子,其核心理念是“道”和“德”,代表著作有《道德经》。道家主张“道法自然”,提出“无为而治、以柔克刚”等政治、军事策略,对中国乃至世界的文化都产生了巨大影响。道家思想对中医、武术、茶道等中国传统文化也有重大影响。中国人不仅传承了儒家思想和道家思想,同时也吸收了佛教思想,佛教对我国的语言、文学、建筑、艺术、风俗以及世界观、人生观和价值观等诸多方面都产生了深远影响,留下了许多宝贵的物质文化遗产。儒释道文化体现了中华文化的博大精深和包容。中国人非常注重传承,我们既为前人活着,也为后人活着。

第二节 中西方文明互鉴

人类的文明进步离不开不同历史时期、不同文明国家之间的互鉴与交流。文明因交流而多彩,文明因互鉴而丰富;文明交流互鉴是推动人类文明进步和世界和平发展的重要动力。

你了解中西方在文明互鉴过程中发生过哪些重大历史事件?取得过哪些文明成就?它们给世界带来了哪些重大变革?

下面我们将从物质文明和精神文明两个方面来介绍历史上具有里程碑意义的重大文明成就。

一、东方的文明成就

1. 中国的科技发明

中国的四大发明——火药、造纸、印刷术、指南针传入欧洲,推动了世界军事、科技、教育和航海技术的快速发展。指南针的发明为十五世纪欧洲航海大发现提供了可能性。火药的发明标志着军事冷兵器时代的结束。此外,祖冲之计算的圆周率、张衡发明的地动仪等都为推动人类社会文明和科技进步做出了积极贡献。

2. 古印度的文明成就

1)古印度人发明阿拉伯数字

你知道我们今天使用的0到9这10个数字是谁发明的吗?很多人认为阿拉伯数字当然是阿拉

伯人发明的，其实不然，它是由古印度人发明的。后人之所以称之为阿拉伯数字，是因为有一位阿拉伯人将一位印度学者写的一篇关于数字的论文翻译成了阿拉伯文，并将其推广应用，很快传遍了世界各地，后来人们就将其称之为阿拉伯数字。

2）印度创立佛教

相传佛教是由古印度迦毗罗王国王子乔达摩·悉达多，也就是释迦摩尼于公元前6世纪至公元前5世纪创立的。公元前3世纪，佛教开始向古印度境外传播，中国、日本、泰国以及东南亚等国家深受佛教文化的影响。

3. 阿拉伯帝国（大食国）的文明成就

1）阿拉伯译著

阿拉伯帝国是一个多民族国家，除了阿拉伯人以外，还包括埃及人、印度人、波斯人、西班牙人、叙利亚人等，各民族的人在相互接触和融合中，不断相互借鉴、吸收和继承了古希腊、古印度的优秀成果，创造出来了新的阿拉伯文化。

阿拉伯人曾将传入阿拉伯帝国的古希腊经典作品翻译成阿拉伯文，包括亚里士多德的主要著作《物理学》《伦理学》和《工具论》等，柏拉图的《理想国》、数学家欧几里得的《几何原本》。在古罗马战乱时期，这些经典作品曾遭到毁坏或遗失，后又被阿拉伯人重新将阿拉伯文翻译成希腊文，才得以保留和传承下来。由此可见，阿拉伯人对东西方文明互鉴和交流做出了不可磨灭的贡献。

2）阿拉伯文学

阿拉伯文学在世界文学史上曾经产生过巨大的影响，《一千零一夜》又称《天方夜谭》，是一部阿拉伯民间故事集，其中《阿里巴巴和四十大盗》《阿拉丁神灯》是伴随着各国儿童快乐成长的故事，在全世界可谓家喻户晓。

此外，阿拉伯人在数学、医学、翻译学和文学等方面为推动东西方文明交流做出了重大贡献。

二、欧洲的文明成就

1. 希腊奥运会

提起欧洲文明，人们马上会想到古希腊文明，想到一个从古至今一直在影响世界人民的重大体育赛事——奥林匹克运动会。古代奥运会因起源于古希腊首都雅典西南部的奥林匹亚而得名，最初的比赛项目以田径运动和搏击为主，主要有短跑、摔跤、掷铁饼、投标抢、赛马和赛车等竞技比赛，竞技优胜者要戴上用月桂编成的王冠，这就是人们常说的桂冠。后来古希腊遭到罗马人的入侵，奥运会被中止了1500年。

直到1892年，现代奥林匹克之父、法国教育家皮埃尔·德·顾拜旦首次公开提出恢复奥林匹克运动会，他认为古代奥运会的辉煌历史应该由全世界共享。1894年，顾拜旦创建了国际奥林匹克委员会，1896年，第一届现代奥林匹克运动会在雅典体育场举行，标志着现代奥运会的开始。

如今，每四年举行一次的奥运会已成为全世界最盛大的体育赛事，奥运五环象征着世界五大洲的团结和友谊，奥运会也成为中西方文明互鉴的一个重要渠道。

2. 欧洲的科技成就

科技不仅是第一生产力，也是促进现代社会文明的重要动力。如果说中国的四大发明对整个人类社会的文明进步做出了巨大贡献，那么欧洲人在天文学、物理学方面取得的研究则改变了人类对整个世界和宇宙的认知。

1）日心说

波兰科学家哥白尼在他的著作《天体运行论》中提出了“日心说”，指出地球不仅有自转，而且和太阳系其他行星一道按照各自的轨道绕太阳公转，月亮是地球的一颗卫星，绕地球旋转。哥白尼的“日心说”理论不仅颠覆了人们对“地心说”的认知，而且动摇了中世纪长期统治欧洲的宗教权威。

2）开普勒的三大定律

德国天文学家、数学家开普勒，著有《宇宙的神秘》《光学》《哥白尼天文学概论》《彗星论》等著作。他经过长期研究，发现了行星运动的三大定律，分别是轨道定律、面积定律和周期定律。第一大定律：所有行星分别是在大小不同的椭圆轨道上运行；第二大定律：在同样的时间里，行星向径在轨道平面上所扫过的面积相等；第三大定律：行星公转周期的平方与它同太阳距离的立方成正比。开普勒三大定律从理论上论证了哥白尼提出的“日心说”，为后人研究和探索太空奠定了理论基础。

3）伽利略的发明

伽利略是意大利文艺复兴时期的天文学家和物理学家。他发明了历史上第一台望远镜，也是利用望远镜观察天体的第一人，被誉为“近代科学之父”。他因著有《星空使者》一书而轰动一时，为人类进一步研究天文学和探索太空提供了可能。他的另一部重要著作《两种新科学的对话》为牛顿的第一定律和第二定律的研究铺平了道路。此外，伽利略还是经典力学和实验物理的先驱，他发现了物体运动中的惯性定律和自由落体定律，他曾经登上比萨斜塔亲自做了关于自由落体的实验，伽利略为推动物理学科的研究与发展做出了巨大贡献。

4）牛顿的地球万有引力

牛顿在《自然哲学的数学原理》著作中提出了“万有引力”定律。万有引力定律的发现，是 17 世纪自然科学最伟大的成果之一。它把地面上物体运动的规律和天体运动的规律统一了起来，对以后物理学和天文学的发展具有深远的影响。它第一次解释了（自然界中四种相互作用之一）一种基本相互作用的规律，在人类认识自然的历史上树立了一座里程碑。

“万有引力”定律的发现对文化发展同样具有重大意义：使人们建立了有能力理解天地间的各种事物的信心，解放了人们的思想，在科学文化的发展史上起到了积极的推动作用，使人类向文明又迈进了一大步。

5）英国的工业革命

英国的工业革命始于 18 世纪 60 年代，它不仅改变了英国的社会结构和生产关系，而且提高了生产力。这场革命从西欧扩展到南欧、北美，甚至扩展到亚洲的日本，对世界的工业发展产生了深远影响。

上述重大文明成就对于人类文明互鉴与社会快速发展起到了巨大的推动作用。

第三节　中国文化及其传承

一、中国神话传说

中国拥有五千多年悠久的历史文化，其中有许多神话传说通过口头、文字、绘画以及影视作品等形式流传至今，可谓家喻户晓。这些神话传说不仅解释了中国人从何而来，中国人是谁，中华文明的起源，而且歌颂了中国劳动人民的智慧、不屈不挠的精神和坚贞不渝的爱情，为我们留下了宝贵的文学财富和精神寄托。

你能说出下面这些中国神话故事出自哪部典籍吗？你知道下面成语中包涵哪些神话故事吗？

(1)女娲补天——讲的是女娲炼五色石补好垮塌的天空。

(2)女娲造人——讲的是女娲用泥土造出不同长相的男女，并赋予他们生命和繁衍的功能。

(3)开天辟地——讲的是盘古开天地。

(4)钻木取火——讲的是燧人氏发现火种之后，人类开始吃熟食，进入文明时代。

(5)伏羲画卦——讲的是伏羲创造八卦图。

(6)夸父逐日——讲的是夸父追赶太阳的故事。

(7)后羿射日——讲的是后裔射掉九个太阳的故事。

(8)嫦娥奔月——讲的是嫦娥偷吃仙丹飞上月球，从此在月宫与玉兔为伴的故事。

(9)大禹治水——讲的是大禹为了治理洪水，三过家门而不入的故事。

(10)八仙过海——讲的是吕洞宾等八位神仙，遨游东海，各显神通的故事。

上述这些神话传说主要出自《山海经》和《淮南子》两部典籍，主要描述了中华民族对万物起源的解释以及祖先们创造自然、改造自然、与大自然抗争的艰难历程与取得的胜利成果，体现了中国人民英勇顽强、自强不息的精神。

先秦古籍《山海经》，又称《山海图经》，是一部记载了许多神话传说的上古地理书，全书共18篇，约31000字。书中记载了100多个邦国，550座山，300条水道，277种动物以及风土物产等。

《淮南子》又名《淮南鸿烈》，全书内容庞杂，主要是以道家思想为指导，吸收诸子百家学说，融会贯通而成。中国的许多神话传说主要是凭借此书而得以流传至今。

二、国学典籍

1. 国学的含义

“国学”一词产生于清末西学东渐、文化转型的历史时期。关于国学的定义，到目前为止，学术界尚未给出统一明确的界定。目前我们所说的国学是指以儒学为主体的中华传统文学与学术。从内容上看，主要包括哲学、文学、史学等知识。

2. 国学的分类

当前的主流认识是将国学以《四库全书》分类，分为经、史、子、集四部，其中以经部、子部为重，尤其倾向于经部。

《四库全书》是中国古代最大的丛书，编撰于乾隆年间，由当时的纪晓岚、王念孙、戴震等一流学者完成。

3. 国学典籍书目

经部——主要指儒家经典和注释研究儒家经典的名著。其代表作有儒学十三经：《周易》《尚书》《周礼》《礼记》《仪礼》《诗经》《春秋左传》《春秋公羊传》《春秋穀梁传》《论语》《孝经》《尔雅》《孟子》。

史部——重要著作包括《史记》《汉书》《后汉书》《三国志》《资治通鉴》《战国策》《宋元明史纪事本末》等。

子部——主要著作有《老子》《墨子》《庄子》《荀子》《韩非子》《管子》《尹文子》《慎子》《公孙龙子》《淮南子》《抱朴子》《列子》《孙子》《山海经》《艺文类聚》《金刚经》《四十二章经》等。

集部——主要著作有《楚辞》《全唐诗》《全宋词》《乐府诗集》《文选》《李太白集》《杜工部集》《韩昌黎集》《柳河东集》《白香山集》等。

国学典籍是中国先人们的智慧结晶，从中不仅能了解中国人的哲学思想、历史文化以及在文学、科技等方面取得的文明成就，而且还能悟出许多为人处世的道理，提高自身的文学修养与人文素养。

三、中国的《百家姓》

姓氏文化是中国特有的文化现象，也是中国文化的重要组成部分。据说中国人早在三皇五帝之前，也就是距今约五千年就有了姓。“姓”这个字是由一个“女”和一个“生”组成的，说明中国人最早的姓是从母亲的姓，因为在母系社会，人们只知道自己的母亲是谁，却不知道自己的父亲是谁。到了夏、商、周三个朝代，人们开始既有姓，也有氏。“姓”主要来自于人们居住的村落，或者所属的部族名称。“氏”则是从君主所封的地、所赐的爵位、所任的官职，或者死后按照功绩追加的称号而来。所以贵族不仅有姓、有名，而且也有氏；平民只有姓和名，则没有氏。按照古代的风俗，同“氏”的男女可以通婚，而同“姓”的男女却不可以通婚。

据说《百家姓》是由北宋初年钱塘（杭州）的一位书生所著，他将常见的姓氏编成四字一句的韵文，仿佛是一首四言诗，读起来朗朗上口，便于记忆，因而成为中国流行最长、流传最广、影响最深的一本书籍。《百家姓》共收录姓氏 498 个，其中单姓 436 个，如赵钱孙李，周吴郑王，复姓 62 个，如欧阳、上官、司马、诸葛、皇甫等。中国人不仅重视家族姓氏的传承，而且有辈分之分。《百家姓》体现了中国人对宗脉与血缘的强烈认同感。

中华民族生生不息的精神与中国的姓氏文化有着密不可分的联系。近年来，每到清明节前夕，许多海外华人就会回到炎黄故里河南新郑寻根祭祖，参加盛大的祭祖大典活动。

四、中华优秀传统文化保护

为了更好地保护和传承中华优秀传统文化，近年来，我国政府采取了一系列有效措施，一方面通过申请加入世界文化遗产名录提高人们对文化遗产的保护意识和法律意识，另一方面，通过中央电视台和地方电视台等媒体推出弘扬优秀传统文化的系列电视节目，激发国人，尤其是青少年和大学生学习优秀传统文化的兴趣和热情。下面推荐一些经典文化类系列电视节目，主要有《国家宝藏》《经典永流传》《中国汉字拼写大会》《中国成语大会》《中国诗词大会》《朗读者》《见字如面》《故事里的中国》《典籍里的中国》《鉴宝》《舌尖上的中国》《衣尚中国》《中国地名大会》《中国历史》《诗画中国》《梨园春》《一馔千年》等，上述节目用观众喜爱的方式弘扬和传承中国优秀传统文化，吸引了众多观众参与，对国人产生了积极影响。

中华优秀传统文化是祖先留给我们中华儿女最宝贵的精神财富，我们有责任和义务将其世代传承下去。

第四节　西方文化及其传承

视频文本

一、古希腊古罗马神话传说

人类社会在步入文明初期，无论是东方文明还是西方文明，都崇拜和信仰众神，如海神、战神、火神、太阳神、爱神、农神、送子神、死神等。中国的众神之王是玉皇大帝，古希腊的众神之王是宙斯，古罗马的众神之王是朱庇特。古希腊与古罗马都有12个对应的神，只是名称不同而已，相传他们各有分工，各司其职，共同掌握着人类的命运和大自然之间的规律。

古希腊和古罗马神话都由两部分组成，即神话故事和英雄传说。古希腊神话故事反映了古希腊人对强大自然的无限崇拜和敬畏，充满了丰富的想象力。古希腊英雄传说主要讲述了半神半人的英雄故事，反映了远古时期人类的生存活动以及人类与自然进行的顽强斗争。

你能说出古希腊和古罗马12个对应的神的名字吗？他们各自负责哪些领域？你知道古希腊和古罗马神话与行星有什么联系吗？下面通过一个图表来对比一下古希腊和古罗马12个对应的神的名字以及他们与行星之间的联系。

序号	神权	古希腊神的名字	古罗马神的名字	行星、矮行星的名字
1	众神之王	宙斯(Zeus)	朱庇特(Jupiter)	木星(Jupiter)
2	天后	赫拉(Hera)	朱诺(Juno)	
3	海神	波塞冬(Poseidon)	尼普顿(Neptune)	海王星(Neptune)
4	冥王	哈得斯(Hades)	普路托(Pluto)	冥王星(Pluto)
5	农神	得墨忒耳(Demeter)	色列斯(Ceres)	
6	太阳神	阿波罗(Apollo)	阿波罗(Apollo)	
7	智慧女神	雅典娜(Athene)	密涅瓦(Minerva)	
8	月亮女神	阿耳忒弥斯(Artemis)	狄安娜(Diana)	
9	战神	阿瑞斯(Ares)	马尔斯(Mars)	火星(Mars)
10	酒神	狄俄尼索斯(Dionysus)	巴克科斯(Bacchus)	
11	火神	赫菲斯托斯(Hephaistos)	伏尔甘(Vulcan)	
12	神使	赫平墨斯(Hermes)	墨丘利(Mercury)	水星(Mercury)
13	爱神	阿芙洛狄忒(Aphrodite)	维纳斯(Venus)	金星(Venus)

从上述古希腊与古罗马众神之间的对比图表来看，只有太阳神阿波罗的名字是完全相同的，其他神的名字都不相同。此外，太阳系中一些行星和矮行星的名字是以古罗马神的名字命名的，而非古希腊神的名字。如最大的行星木星是用罗马众神之王朱庇特(Jupiter)的名字命名的，海王星是用海神尼普顿(Neptune)的名字命名的，冥王星是用冥王普路托(Pluto)的名字命名的，火星是用战神马尔斯(Mars)的名字命名的，水星是用神使墨丘利(Mercury)的名字命名的，金星是用爱神维纳斯(Venus)的名字命名的。

由此可见，古罗马神话对西方文化的传承起了非常重要的作用，用神话中神的名字来命名行星是一种文化传承的有效途径，给我们带来了一些重要启示，具有一定的借鉴意义。如今，我国的航天器和潜水器在命名时，也在使用我国神话故事中的人物、传统典籍中的名篇以及中国文化符号来命名，如"嫦娥""神舟"(也就是神州的谐音)、"天问""天宫""祝融""蛟龙"等。这些名称包涵着深厚的中华传统文化内涵，它们是中华文明的见证者，代表着中华民族的文化自信，将永远载入人类文明史册。

二、西方经典著作

西方的经典著作虽不像我国的国学典籍一样有经、史、子、集的系统分类，但也留下了许多丰富和宝贵的文化遗产，涉及文学、历史、哲学、科学等领域，这些经典著作大多是古希腊和古罗马时期、中世纪以及文艺复兴时期的著作。学习和了解这些西方经典著作对于我们了解西方的思想体系、历史进程、政治制度、社会形态，以及风土习俗等有很大的帮助。

1. 史诗与史记

西方历史上曾经出现过一些文学家和历史学家，他们为后人留下了著名的史诗和史记著作。最具影响力和代表性的著作有古希腊荷马著的《荷马史诗》，由《伊利亚特》和《奥德赛》两部分组成；古罗马维吉尔著的《埃涅阿斯纪》；意大利但丁著的《神曲》三部曲：《天堂》《炼狱》《地狱》；法国著名史诗《罗兰之歌》；英国著名史诗《贝奥武甫》。

《历史》是公元前五世纪希腊历史学家希罗多德所撰写的一部历史名著。书中记述了公元前六世纪至五世纪波斯帝国和希腊城邦之间发生的战争。该书被认为是西方最早的一部历史著作，希罗多德因而被称为西方的"历史之父"。

《伯罗奔尼撒战争史》是古希腊修昔底德所著的一部历史著作，全书讲述了以雅典为首的提洛同盟与以斯巴达为首的伯罗奔尼撒联盟之间的一场战争，分析了这场战争发生的原因与背景。

2. 哲学著作

在古希腊、古罗马时期曾经出现了一批著名的哲学家以及他们的代表性哲学著作，例如，柏拉图的《对话录》《理想国》，亚里士多德的《形而上学》，伊壁鸠鲁的《论自然》。

卢克莱修的《物性论》是一部哲学长诗，是现存唯一系统阐述古希腊、古罗马的原子唯物论的著作，作者以大量事例阐明了伊壁鸠鲁的学说，批判了灵魂不死和灵魂轮回说以及神创论。

3. 文集与随笔

《希波克拉底文集》是西方医学之父希波克拉底的重要著作。《西塞罗文集》是古希腊罗马文化之父西塞罗的重要著作，书中收录了西塞罗对社会政治的见解。《蒙田随笔》是法国文艺复兴时期思想家蒙田的代表作，他开启了法国的随笔传统。《培根随笔》是英国文艺复兴时期最伟大的哲学家、文学家培根的重要著作，在世界上产生了很大影响。

4. 小说与戏剧

《坎特伯雷故事集》是中世纪“英国诗歌之父和短篇小说之父”杰弗雷·乔叟的巅峰之作。《巨人传》是文艺复兴时期法国作家拉伯雷著的长篇小说，主要讴歌了人文主义。《唐·吉诃德》是西班牙作家塞万提斯的一部讽刺性长篇小说。《浮士德》是德国作家歌德花了60年的心血才完成的一部杰作。英国文学之父莎士比亚一生创作了许多戏剧和十四行诗，其代表作有四大悲剧《哈姆雷特》《麦克白》《李尔王》和《奥赛罗》以及四大喜剧《威尼斯商人》《仲夏夜之梦》《皆大欢喜》《第十二夜》。

5. 科技著作

古希腊数学家欧几里得所著的《几何原本》是一部数学经典。《天体运行论》是哥白尼撰写的关于天文学的经典著作。《自然哲学的数学原理》是牛顿的重要著作，在物理学、数学、天文学和哲学等领域产生了巨大影响，被认为是古往今来最伟大的科学著作。法国数学家笛卡儿著的《几何》，解析了几何的渊源、方法论以及笛卡尔的哲学思想。大家熟悉的一句名言“我思，故我在”就是出自法国哲学家笛卡尔。《关于托勒密和哥白尼两大世界体系的对话》是著名天文学家伽利略的著作，本书采用的是对话体。《物种起源》是英国生物学家达尔文的著作，此书提出的进化论观点，不仅带来了生物科学上的根本变革，而且彻底改变了人们的世界观。

视频文本

三、英美姓氏的由来

我们讲了西方的神话与典籍，下面我们来了解一下英美姓氏的由来与传承。

英国伦敦大学学院(university college London，UCL)的研究人员对3200万英国用户进行调查，发现了该国最流行的姓氏及其分布状况：其中十大姓氏排名依次为Smith，Jones，Williams，Brown，Taylor，Davis，Wilson，Evans，Thomas和Johnson。美国是一个移民国家，美国人大部分是欧洲裔，也有亚裔、西班牙裔和非裔，所以美国人的姓氏比较复杂和多元。英美国家人的姓氏虽没有中国的百家姓那么多，但是他们有其共同的特点和来源，主要有以下九种：

1. 以职业为姓氏

从英文的姓氏中可以了解他们祖辈所从事的职业。常见的姓氏有Cook(厨师)、Smith(工匠)、Blacksmith(铁匠)、Goldsmith(金匠)、Silversmith(银匠)、Coppersmith(铜匠)、Carpenter(木匠)、Taylor(Tailor)(裁缝)、Carter(马车夫)、Thatcher(盖房子的人)、Baker(面包师)、Miller(磨坊主)、Butcher(屠夫)、Hunter(猎人)、Weaver(纺织工)、Fisher(渔夫)、Farmer(农夫)、Shepherd(牧羊人)等。

2. 以山川湖水、田野树林为姓氏

从英文姓氏中可以了解他们祖辈所生活的地貌特征。常见的姓氏有 Wood（木头）、Woods（树林）、Forest（森林）、Lake（湖泊）、Brook（小溪）、Pond（池塘）、Hill（山丘）、Field（田野）、Ford（浅滩）、Water（水域）等。

3. 以动物、植物（农作物）名称为姓氏

常见的姓氏有 Bird（鸟）、Fox（狐狸）、Hawk（鹰）、Bull（公牛）、Bush（灌木丛）、Rice（稻子）、Stock（紫罗兰）、Reed（芦苇）、Cotton（棉花）等。

4. 以色彩名称为姓氏

常见的姓氏有 White（怀特）、Green（格林）、Black（布来克）、Brown（布朗）、Grey（格雷）等。

5. 以地名场所为姓氏

常见的姓氏有 London（伦敦）、Hall（霍尔）、Kent（肯特）、Yorker（约克）、Lane 雷恩等。

6. 以体貌性格特征为姓氏

常见的姓氏有 Short（矮个）、Longman（高个）、Armstrong（大力士）、Sharp（精明的）、Hard（吃苦耐劳的）、Young（年轻的）、Sterling（有权威的）等。

7. 以食物名称为姓氏

常见的姓氏有 Bacon（培根）、Ham（汉姆）等。

8. 以身体部位名称为姓氏

常见的姓氏有 Back（背）、Hand（手）、Finger（手指）、Brain（头脑）等。

9. 以父亲名字加上 son 为姓氏

意思是指某人的儿子 the son of somebody，常见的姓氏有 Johnson（约翰逊）、Martinson（马丁森）、Anderson（安德森）、Robinson（罗宾逊）、Wilson（威尔逊）和 Thomason（托马逊）等。

从上述英美人的姓氏来源看，有些来源与汉语有许多相似之处，如以山川河流、江河湖水、田野树林、动植物以及食物名称等作为姓氏。中西方的姓氏传承主要还是以父姓为主，不同之处是英美国家的已婚女子在结婚后一般会改随夫姓，而我国现代已婚女性一般仍然保留和使用自己的姓氏，这充分说明了我国女性的社会地位与男性一样，真正做到了男女平等。

知识拓展

中国汉字史

现代汉字从甲骨文、金文、大篆、小篆，至隶书、草书、楷书、行书等演变而来。

甲骨文：

甲骨文主要指殷墟甲骨文，是中国商代后期（前 14 世纪 ~ 前 11 世纪）王室用于占卜记事而刻（或写）在龟甲和兽骨上的文字。

金文：

金文是指铸刻在青铜器上的文字，也叫钟鼎文，始于殷商时期。“钟鼎”是青铜器的代名词。所以，钟鼎文或金文就是指铸在或刻在青铜器上的铭文。

大篆：

大篆为汉字书体的一种。秦时称为大篆，与小篆相区别。大篆起于西周晚期，春秋战国时期流行于秦国。字体与秦篆相近，但字形的构形多重叠。

小篆：

小篆也叫“秦篆”。秦朝李斯受命统一文字，这种文字就是小篆。通行于秦代。形体偏长，匀圆齐整，由大篆衍变而成。

隶书：

隶书基本是由篆书演化来的，主要将篆书圆转的笔划改为方折，书写速度更快。在木简上用漆写字很难画出圆转的笔画，因此隶书更便于书写。隶书强化了汉字的记号功能，削弱了象形功能，对汉字的改变很大，成为古今文字的分水岭。隶书为后来派生的草书、楷书、行书奠定了基础。

草书：

草书是汉字的一种书体，特点是结构简省、笔画连绵。形成于汉代，是为书写简便在隶书基础上演变而来的。有章草、今草、狂草之分。

楷书：

楷书始于东汉。其特点是形体方正，笔画平直，可作楷模，故名。楷书到唐代发展到高峰。

行书：

行书大约是在东汉末年产生的，是介于楷书、草书之间的一种字体，可以说是楷书的草化或草书的楷化。它是为了弥补楷书的书写速度太慢和草书的难于辨认而产生的。笔势不像草书那样潦草，也不要求像楷书那样端正。

资源共享

一、精彩图片

汉谟拉比法典石碑

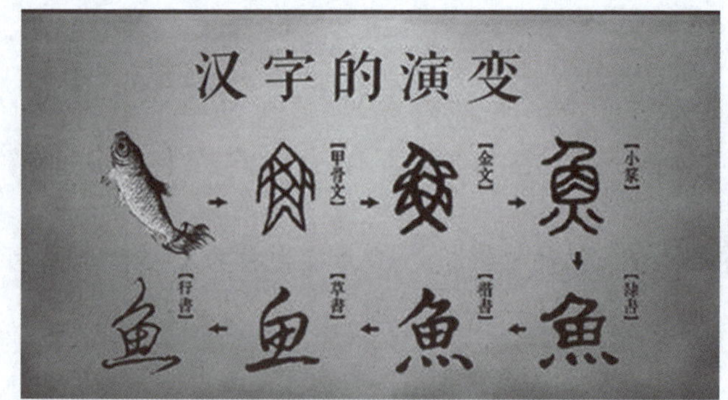

汉字的演变

阿拉伯文化

大禹治水

日心说

二、图书推荐

[1]程裕祯.中国文化要略[M].4版.北京:外语教学与研究出版社,2017.

[2]斯塔夫里阿诺斯.全球通史:第7版[M].董书慧,王昶,徐正源,译.北京:北京大学出版社,2005.

三、视频推荐

(1)中央电视台《中国汉字听写大会》。

(2)中央电视台《国家宝藏》。

本章测试

一、判断题

请判断下列句子是对还是错。

1. 中国神话"钻木取火"讲述燧人氏发现火种之后,人类开始吃熟食,进入文明时代。(　　)

   A. 对　　　　B. 错

2. "国学"一词产生于清末西学东渐、文化转型的历史时期。目前我们所讲的国学是指以儒学为主体的中华传统文学与学术。(　　)

   A. 对　　　　B. 错

3. 国学典籍的“子部”，主要含有《老子》《墨子》《庄子》《荀子》《韩非子》等典籍。(　　)

A. 对　　　　B. 错

4. 春秋战国时代，人们开始既有姓，也有氏。“姓”主要来自于人们居住的村落，或者所属的部族名称。“氏”则从封地、爵位、官职，或者死后追加的称号而来。(　　)

A. 对　　　　B. 错

5. 中华民族的生生不息与中国的姓氏文化有着密不可分的联系。近年来，许多海外华人回到炎黄故里河南洛阳寻根祭祖，参加盛大的祭祖大典活动。(　　)

A. 对　　　　B. 错

6. 人类文明初期，东西方文明普遍崇拜和信仰众神。中国的众神之王是玉皇大帝，古希腊的众神之王是朱庇特，古罗马的众神之王是宙斯。(　　)

A. 对　　　　B. 错

7. 古希腊神话与古罗马神话中有十二个对应的神，名称不同，各有分工，各司其职，共同掌握着人类的命运和大自然之间的规律。(　　)

A. 对　　　　B. 错

8. 古希腊、古罗马神话中的“神话故事”，主要讲述半神半人的英雄，反映了远古时期人类的生存活动以及人类与自然进行的顽强斗争。(　　)

A. 对　　　　B. 错

9. 古罗马神话中的众神，与行星也有着密切的对应关系。例如，战神马尔斯对应的行星是火星Mars。(　　)

A. 对　　　　B. 错

10. 我国的航天器和潜水器在命名时，使用了我国神话中的人物或中国文化符号，如“嫦娥”“神舟”“祝融”“蛟龙”等。这些名称不仅包涵了深厚的中华传统文化，也代表了中华民族的文化自信。(　　)

A. 对　　　　B. 错

二、选择题(单选或多选)

请在下列A、B、C、D选项中选择一个或多个正确答案。

1. 阿拉伯人曾将传入阿拉伯的古希腊经典作品翻译成阿拉伯文，包括(　　)，对文明互鉴和交流做出了不可磨灭的贡献。

A. 亚里士多德的《物理学》和其他著作　　　　B. 柏拉图的《理想国》

C.《天方夜谭》　　　　D. 欧几里得的《几何原本》

2. 阿拉伯帝国(大食国)是一个多民族国家，除了阿拉伯人以外，还包括(　　)等，各民族的人在相互接触和融合中，创造出新的阿拉伯文化。

A. 埃及人　　B. 印度人　　C. 波斯人　　D. 叙利亚人

3. 欧洲的伟大科技成就改变了人类对整个世界和宇宙的认知。这些成就包括(　　)。

A. 奥林匹克运动会　　B. 开普勒三大定律

C. 伽利略的发明　　D. 牛顿的万有引力定律

4. 中国古代神话传说主要出自典籍(　　),描绘了中华民族对万物起源的解释,祖先们与大自然抗争的艰难历程与取得的胜利成果。

A.《礼记》　　B.《春秋》　　C.《淮南子》　　D.《山海经》

5. 下列哪部著作不属于儒家经典?(　　)

A.《中庸》　　B.《大学》　　C.《周易》　　D.《道德经》

6. 在世界文明史上,一些文明古国和古文明已经湮灭。为什么中华文明是唯一没有中断的文明?(　　)

A. 文字的传承　　B. 中国人的血脉传承

C. 佛教思想的传承　　D. 儒家思想的传承

7. 关于国学的分类,一般主流认识是将国学以(　　)分类,分为“经、史、子、集”四部,其中以“经”“子”部为重,尤其倾向于“经”部。

A.《尚书》　　B.《史记》　　C.《四库全书》　　D.《资治通鉴》

8. 中国的国学典籍是中国人民智慧的结晶,国学典籍中“史”部的重要著作包括(　　)等。

A.《汉书》　　B.《史记》　　C.《三国志》　　D.《战国策》

9. 中国人重视家族姓氏的传承,(　　)体现了中国人对宗脉与血缘的强烈认同感。

A.《百家姓》　　B.《礼记》　　C.《金刚经》　　D.《周易》

10. 为更好地保护和传承中华优秀传统文化,近年来,我国政府采取了一系列有效措施,包括(　　)。

A. 申请加入世界文化遗产名录

B. 推出弘扬优秀传统文化的系列电视节目

C. 提高人们对文化遗产的保护意识和法律意识

D. 将中华优秀传统文化纳入中小学和高等教育之中

三、思考题

1. 中国古代科技文明和欧洲科技文明的发展,给人类分别带来了哪些进步?

2. 在21世纪,中西方文明交流互鉴如何进一步推动全球文明进步和世界和平发展?

第十一章 文化差异与文化自信

第一节　中国优秀传统文化

中西方由于在地理位置、气候条件、政治制度、宗教信仰、历史进程、文化环境以及科技教育等方面都存在很大差异，因此，在文明发展过程中逐渐形成了各自特有的传统文化。

一、干支历法与生肖文化

早在古埃及和古巴比伦时期，人们就已经开始使用阳历或农历历法。中国古代发明了独特的天干地支纪元历法。天干地支的发明主要用于历法、术数、计算、命名等各个方面，并且一直传承沿用至今，对中国文化产生了深远影响。

1. 什么是天干？

天干是指“甲(jiǎ)、乙(yǐ)、丙(bǐng)、丁(dīng)、戊(wù)、己(jǐ)、庚(gēng)、辛(xīn)、壬(rén)、癸(guǐ)”纪年，也称十干。其中甲、丙、戊、庚、壬为阳干，乙、丁、己、辛、癸为阴干。

2. 什么是地支？

地支指的是“子(zǐ)、丑(chǒu)、寅(yín)、卯(mǎo)、辰(chén)、巳(sì)、午(wǔ)、未(wèi)、申(shēn)、酉(yǒu)、戌(xū)、亥(hài)”，也称十二支。其中子、寅、辰、午、申、戌为阳支，丑、卯、巳、未、酉、亥为阴支。

十天干与十二地支依次相配，组成六十个基本单位，两者按固定顺序相互配合，组成了干支纪元法。中国历史上发生的著名战争、变法、革命以及签订的不平等条约、条款等重大事件就是用天干地支纪元法命名的，如“甲午战争”、《辛丑条约》、“戊戌变法”、“庚子赔款”、“辛亥革命”等。

3. 生肖文化

十二生肖最早是中国特有的文化符号，也是中华传统民俗文化的重要组成部分，后来传播到了朝鲜半岛、日本及东南亚。生肖也称属相，是一个人一出生就具有的特殊身份符号，并伴随其走过一生。

十二地支与十二生肖是对应关系:子—鼠,丑—牛,寅—虎,卯—兔,辰—龙,巳—蛇,午—马,未—羊,申—猴,酉—鸡,戌—狗,亥—猪。中国人认为属相不仅代表着一个人的年龄,而且与其婚姻生活、情感关系和命运前途相关。中国父母特别喜欢选择在龙年生子,因为龙是中国的图腾,每个父母都希望自己的孩子将来能成为龙子、龙女。2000 年千禧年,中国就迎来了一个生育高峰,因为这一年恰逢龙年。

一个属相轮回一圈需要十二年,民间称其为本命年,天干地支轮回一圈需要六十年,称为一个甲子,恰好也是本命年。每年春节期间,中国人都会用当年的生肖以及与生肖相关的成语来祝福家人和亲朋好友。例如,虎年大家会说:虎年大吉,龙腾虎跃、虎虎生威,生龙活虎等。

二、二十四节气

二十四节气是我国上古农耕文明的产物,是古人通过观测天体运行,认识一年中时令、气候、物候等变化规律所形成的知识体系,也是我国农历的一个重要组成部分。二十四节气在国际气象界被誉为“中国的第五大发明”,2016 年 11 月 30 日被正式列入联合国教科文组织以及人类非物质文化遗产代表名录。

二十四节气是按照一年中春夏秋冬四个季节划分的,从四立开始,即立春、立夏、立秋、立冬,每一季有六个节气。二十四节气始于立春,终于大寒。具体划分如下:

春季:立春、雨水、惊蛰、春分、清明、谷雨

夏季:立夏、小满、芒种、夏至、小暑、大暑

秋季:立秋、处暑、白露、秋分、寒露、霜降

冬季:立冬、小雪、大雪、冬至、小寒、大寒

二十四节气不仅能够指导农民从事农耕生产,而且能够提醒百姓合理穿衣、安全出行和科学养生。

三、传统中医文化

1. 中医学介绍

科学养生,离不开中医学。中医学起源于汉族,故称汉族医学,简称汉医(中医),是汉族文化体系的组成部分。1949 年之前,汉医一词比较普遍。清朝后期至民国年间,也用国医来称呼。

中医的诊断方法主要是四诊(望诊、闻诊、问诊、切诊)。中医的治疗方法按治疗途径可分为:外治和内治两大类,按采用的手段可分为:物理的、化学的、生物的、精神的、综合的五大类。

外治疗法主要有针灸疗法、推拿疗法、刮痧疗法、拔火罐疗法等。内治疗法最具特色的是各种中草药疗法,其中最著名的有汗、吐、下、和、温、清、消、补八种疗法。此外还有以药膳为代表的日常食物疗法。

2. 中医的治疗思想

中医治疗强调以“营养为主、精神为主、预防为主和整体为主”的治疗思想。

3. 中医典籍

中国古代医学家为后人留下了一些珍贵的中医典籍,为我国中医的发展与传承立下了汗马功

劳。例如,《黄帝内经》是现存最早的中医理论著作,被称为“医之始祖”。另一部是《难经》原名《黄帝八十一难经》,又称《八十一难》。东汉时期医圣张仲景著有《伤寒杂病论》又称《伤寒论》,是一部阐述外感及其杂病治疗规律的专著。《神农本草经》又称《本草经》或《本经》,是已知最早的中药学著作。此外还有唐朝“药王”孙思邈著的《千金药方》,该书是一部综合性临床医学巨著。明朝时期李时珍著的《本草纲目》不仅是一部药物学著作,而且还是一部具有世界影响力的博物学著作,内容涉猎极为广泛,在生物、化学、天文、地理、地质、采矿乃至历史等方面都有一定贡献。

4. 中国古代著名医学家

你知道我国古代中医史上出现过哪些著名的中医学家吗？他们为中医的发展与传承做出过哪些重大贡献？

(1)针灸之祖——黄帝。

(2)神医——扁鹊。扁鹊是战国时期著名的医学家,中国传统医学的鼻祖,中医理论的奠基人,扁鹊擅长全科,精于内科、外科、妇科、儿科、五官科等,因其提出“望、闻、问、切”四诊断法,被称为“医祖”。

(3)外科之祖——华佗。华佗是东汉末年著名医学家。他精于外科手术,而且会应用药物麻醉来进行手术。

(4)医圣——张仲景。张仲景是东汉末年著名医学家,著有《伤寒杂病论》,被后人称为“医圣”。

(5)药王——孙思邈。孙思邈是唐代著名医学家,精通内科、外科、妇科、儿科、五官科等,是一位全科医生,著有《千金要方》。

(6)药圣——李时珍。李时珍是明朝著名医学家,著有《本草纲目》,代表了当时我国医药学的最高水平,对世界医学产生了深远影响。

在上述古代医学家及其著作中,大家最熟悉的莫过于李时珍的《本草纲目》了。我国台湾歌手周杰伦创作的一首同名歌曲《本草纲目》曾火遍全国,已成为人们健身锻炼的主题曲。

第二节　西方传统文化

视频文本

一、西方的星座文化

与中国生肖文化不同,西方对应的是星座文化。星座文化最早源自古代美索不达米亚的占星术。

太阳星座是星座学中最常提及的，西方人只要知道一个人的出生日期，便可以查出他所属的太阳星座。

什么是太阳星座？

太阳运行的轨道称为黄道，古人将黄道分成12区，每个区为30度，这12个区就是人们说的太阳星座。十二星座以黄道零度为起点开始排序，依次是：白羊座、金牛座、双子座、巨蟹座、狮子座、处女座、天秤座、天蝎座、射手座、摩羯座、水瓶座、双鱼座。

由此可见，中西方在诠释和判断一个人的性格特征和预测未来命运时所采取的方式是不同的。中国人通常是根据属相和申辰八字来预测一个人的性格特点与命运，而西方人则是根据星座来判断一个人的性格特征。

二、西方的医学成就

与中国传统医学不同，西方传统医学是在古巴比伦、古埃及、古印度、古希腊和古罗马的传统医学基础上发展起来的一门医学学科，他们建立了人体解剖学、外科学、内科学和传染病学等。西方传统医学为后世留下了宝贵的医学文献与典籍，也曾出现过一些著名的医学家，他们为推动世界医学研究和人类医学文明发展做出了巨大贡献。

1. 古巴比伦医学

早在古巴比伦时期，就已经有了医学。古巴比伦人非常相信占星术，他们认为天体变化、星体运行与疾病和福祸有关。早在《汉谟拉比法典》中就有关于医生酬金、医疗责任以及医生分类的明文规定。

2. 古埃及医学

古埃及的纸草书与医书记载了205种疾病，涉及内科、外科、妇科、儿科、眼科、皮肤科、卫生防疫等内容。此外，古埃及人已掌握了制作干尸——木乃伊的技术，说明当时古埃及医学已经存在。

3. 古印度医学

古印度的诊断方法主要是问诊和触诊，医学上取得的辉煌成就是外科技术的使用。古印度在医学上留下了很多医学文献，重要著作有《梨俱吠陀》《沙摩吠陀》《阿输吠陀》《耶柔吠陀》《阿达婆吠陀》等。

4. 古希腊医学

古希腊的著名医学家希波克拉底被誉为西方的“医学之父”，他最大的成就是创立了“四体液生理和病理学说”。

5. 古罗马医学

古罗马时期最著名的医学家是盖伦，他的主要贡献有解剖学：动物解剖；生理学：体液学说；药物学：盖伦制剂；治疗学：身心治疗。盖伦被誉为最早用实验方法研究动物生理功能的实验生理学大师。

三、西方古代著名医学家

1. 医中之王——阿维森纳

阿维森纳是阿拉伯帝国时期的著名医学家，他从小便开始学习古希腊的医学、数学、哲学和天文学等著作，这为他日后成为一名著名的医学家打下了坚实的基础。他的著作《医典》是阿拉伯医学的结晶，堪称一部医学百科全书。书中不仅阐释了医学原理和治疗方法，还包括药学部分。其中分析了760多种药物的药效，为后人提供了丰富而重要的参考价值。《医典》对当时的一些疑难杂症进行了精辟的论述，如脑膜炎、中风和胃溃疡等。书中还论述了水流和土壤在传播疾病时所起的作用，指出传播肺结核、鼠疫、天花等传染病的是肉眼看不见的病原体，即提出了“细菌学说”。

《医典》在西方影响深远，一直到17世纪，该书都是欧洲各国医学院的主要医学教科书和参考书。

2. 药学的先驱——拉吉斯

拉吉斯是阿拉伯帝国时期的著名医学家，他一生写了200多部著作，由于关注穷人的健康，因此受到后人的尊崇。

阿拉伯帝国不仅吸收了被占领的古希腊和古罗马的传统医学，而且还将它们进行了翻译和保存，后来又增加了新的医学成就。例如，学者塔巴里将古希腊、古罗马、波斯和古印度的医书汇编在一起。阿拉伯人还掌握了对眼睛以及内脏实施手术的技巧，能够通过手术治疗白内障。阿拉伯人曾经对世界医学做出过巨大贡献。

3. 文艺复兴时期的医学家

发生在15~17世纪的欧洲的文艺复兴，也掀起了医学上的一场医学革命，在医学理论和研究上取得了很大的突破与成就，出现了很多著名的医学家。

1）西药治疗的先驱——帕拉塞尔苏斯

帕拉塞尔苏斯是一位瑞士医生。他因为相信炼金术而有了一个重大发现，即用化学合成的药物可以治疗疾病，他因而成为化学方法治疗疾病的先驱。

2）威廉·哈维

威廉·哈维是第一位证明心脏促使血液在全身循环的人，他是通过血液流动的方向发现这一点的。这是世界医学研究的一次重大突破。

3）马尔皮基

马尔皮基是意大利的生物学家和医生，他完成了威廉·哈维未曾注意到的关于血液循环研究的最后一部分——是毛细血管把动脉和静脉连接在一起的。

如今，随着人们对世界的认知越来越深，对研究的领域越来越广，对科技手段和设备的依赖度越来越高，医学成就也越来越多，医学研究和医学整体水平在不断提高。

了解一些中西医医学知识和它们的发展史，对公共卫生安全和健康来讲是非常必要的。正是因为历史上中西方文明古国将一些著名的医学家总结撰写的医学典籍和宝贵成果传承了下来，通过中西方医学成就之间的文明互鉴，才促使现代医学研究取得了重大突破，推动了医学事业的进步与发展，使后人能够健康长寿。

第三节　中国文化及其传播

中国不仅是一个拥有56个民族，14亿人口的大国，而且也是一个具有悠久历史文化和丰富文化遗产的国家。然而,从文化传播的视角来看,西方人对中国文化的了解远不如中国人对西方文化的了解。如何利用现代信息技术将中华优秀文化传播到世界各地,更加生动、形象、立体地讲好中国故事呢?

首先我们要了解文化传播的主体、主题、方式与途径。俗话说,"知己知彼,百战不殆。"我们可以采取中西方对比的方式,讲西方人听得懂的故事。

1. 传播主体

中国对外传播文化的主体正在发生变革,过去主要依靠国家和政府的宣传机构,如电视台、广播电视台、出版社、新华社、官方报刊杂志等。普通百姓的国际传播意识比较淡薄,造成国际传播的方式和途径比较单一,国内与国际传播力度、效果不匹配等后果,使得西方对我们国家的思想、理念、政策、行动不理解,甚至误解。随着互联网技术的普及,人们的对外传播意识得以提升。目前我国对外传播已构成由国家、政府、组织、媒体、个人五方共同承担的"五位一体"的立体交叉传播体系。中国对外开放的大门越开越大,Tik Tok(抖音)在海外受到越来越多外国人的青睐和关注,已成为普通大众对海外传播的一个重要渠道。

2. 传播主题

中西方文化之间虽然存在一定的差异,但是,有些价值观是人类共有的,例如,善良、勇敢、同情、正义、忠贞、自强等。下面我们将通过中西方耳熟能详的经典爱情故事、英雄故事以及文化遗产等文学作品和历史文物,来分析如何才能讲好外国人听得懂、喜欢听、传的开的中国故事。

1)爱情故事:《梁山伯与祝英台》与《罗密欧与朱丽叶》

《罗密欧与朱丽叶》是英国剧作家莎士比亚创作的著名悲剧之一,该剧讲述意大利贵族凯普莱特女儿朱丽叶与蒙太古的儿子罗密欧一见钟情,真诚相爱,但却因两家是世代仇人,爱情受阻,有情人无法终成眷属而双双殉情。《罗密欧与朱丽叶》的爱情故事通过小说、舞台戏剧、电影等多种渠道传播到世界各地,具有很大的知名度和影响力,是一个非常成功的西方爱情故事的国际传播范例。另外,被列为英国莎士比亚四大悲剧的《麦克白》《奥赛罗》《李尔王》和《哈姆雷特》,同样具有很高的世界影响力。

在中国,《梁山伯与祝英台》《白蛇传》《孟姜女》《牛郎织女》并称为中国古代四大爱情传说,深受百姓的喜爱。其中,关于《梁山伯与祝英台》的传说在民间有很多不同的艺术形式,除了大家熟悉的越剧之外,还有小提琴协奏曲和舞蹈。

假如,能将《梁山伯与祝英台》与《罗密欧与朱丽叶》的故事进行对比,让西方人了解故事情节,然后再用不同的传播形式来呈现和讲述这段中国古代凄美的爱情故事,一定会引起世人的关注与共鸣,因为爱情是永恒的主题,音乐和舞蹈是无国界的。

2)英雄故事:《水浒传》与《罗宾汉》

《水浒传》《三国演义》《西游记》《红楼梦》并称为中国四大名著。《水浒传》讲述了北宋末年,以宋江为首的108名绿林好汉,为了反抗朝廷的腐败在梁山泊起义的英勇故事,在中国民间流传甚广。

如何能有效地将《水浒传》中的英雄人物和他们的故事讲给西方人听,并使他们更好地欣赏中国的这部文学名著呢?同样,我们可以将《水浒传》与英国的英雄故事《罗宾汉》进行对比,有助于西方读者更好地理解这部小说的意义。

罗宾汉是英国家喻户晓的英雄人物，他充满了正义。与他相似的一群绿林好汉揭竿而起，反抗诺曼人的压迫，这些人被视为英国的传奇英雄，他们与中国的梁山好汉有着极其相似的经历。无论是中国的《水浒传》，还是英国的《罗宾汉》，都是在歌颂英雄们的侠义行为，两部作品有很多相似之处。

3）文化遗产：都江堰与罗马渡槽

水利工程不仅是用于农业灌溉的工程，也是一个国家文明的象征。都江堰是中国古代约公元前256年—前251年由李冰父子负责在四川成都都江堰修建的一座大型水利工程，是由渠首枢纽（鱼嘴、飞沙堰、宝瓶口）、灌区各级引水渠道、各类工程建筑物和大中小型水库及塘堰等所构成的一个庞大的工程系统。

都江堰是当今世界年代久远、唯一留存、以无坝引水为特征的宏大水利工程。它充分利用当地西北高、东南低的地理条件，根据江河出山口处特殊的地形、水脉、水势，乘势利导，无坝引水，自流灌溉，使堤防、分水、泄洪、排沙、控流相互依存，共为体系，保证了防洪、灌溉、水运和社会用水综合效益的充分发挥。它最伟大之处是建堰2250多年来经久不衰，至今还在使用，并且发挥着愈来愈大的作用。它担负着四川盆地中西部地区7市（地）40县（市、区）1130万余亩农田的灌溉，成都市多家重点企业和城市生活供水，以及防洪、发电、漂水、水产、养殖、林果、旅游、环保等多项综合服务，是四川省国民经济发展不可替代的水利基础设施。

都江堰水利工程凝结着中国古代劳动人民的勤劳、勇敢和智慧。2000年被联合国教科文组织列入“世界文化遗产”名录。

罗马渡槽（Roman Aqueducts）是古罗马时期建造的一系列供水系统，用于将水从远处的水源地引入城市。这些渡槽是古罗马工程学的杰作，展示了古罗马人在水利工程方面的技术能力。

罗马渡槽的建造始于公元前312年，持续到公元4世纪。在整个罗马帝国范围内建造了大约11条主要渡槽，总长度超过800公里。这些渡槽由石头、混凝土和砖块构建而成，经过山谷、山脉和平原，穿越桥梁和隧道，以确保水源能够顺利流入城市。

罗马渡槽的设计考虑了水流的重力和压力，以确保水源能够稳定地供应城市的公共浴场、喷泉、水池和私人住宅。渡槽通常建在高处，以利用重力将水引入城市。在需要跨越山谷或河流的地方，罗马工程师设计了高大的拱桥和隧道，以确保水流的连续性。

罗马渡槽的建造对古罗马城市的发展和繁荣起到了重要作用。它们为城市提供了充足的饮用水和供水系统，支持了城市的人口增长和经济发展。这些渡槽的遗迹至今仍然存在，是古罗马文明的重要遗产，也是世界上最早、最长的供水系统之一。

3. 传播方式与途径

随着科技的不断进步与发展，国际传播的方式与途径越来越多，并越来越高效。不同时期的人会选择不同的传播方式和途径，传统的传播方式和途径主要是通过纸质媒介进行传播，例如，用文字形式通过出版文学作品、科技著作、教材、漫画等书籍进行广泛传播；随着受教育程度的不断提高，人们对艺术等精神生活的追求也不断提高，越来越多的文学和文艺作品通过影视剧、话剧、歌剧、音乐剧、大型实景演出等多种形式进行传播，促进了东西方的文化艺术交流；随着中国对外改革开放的大门越开越大，许多中国人跨出国门，走向世界，同时也吸引大批外国朋友来中国旅游、投资经商和留学，他们中有些人会选择实地考察、参观、游学等方式通过游览名胜古迹，购买书画、服饰等文创纪念品了解和传播中国文化；伴随着互联网长大的一代人更喜欢借助互联网信息技术进行文化交流和传播，他们会利用互联网平台和各种应用软件，如今日头条、抖音、西瓜视频、好看视频、哔哩哔哩、腾讯视频、优酷、爱奇艺等上传短视频和开通直播，这些新型的传播形式和媒介都具有高效的传播力和影响力。

4. 传播效果

从传播力度、受众群体以及影响力方面来看，中国自改革开放以来，利用影视作品和自媒体等视觉传达手段对外讲好中国故事取得了一定的成绩。近年来，随着对中国典籍、文学、电影等翻译与对外宣传的力度不断加强，对外传播取得了可喜成绩。

下面我们将重点为大家介绍中国在影视作品、文学作品和传统佳节等领域对外传播所取得的成就。

(1)电影作品:《猛龙过江》《少林寺》《功夫熊猫》《叶问》《卧虎藏龙》等功夫影片在海外上映，弘扬了中华传统武术文化和中国武术精神；《花木兰》弘扬了中国人的家国情怀和勇敢精神，《满江红》歌颂了岳飞“精忠卫国”的爱国主义精神；《刮痧》宣传了中国传统医学中的刮痧疗法。

(2)文学作品:中国首个诺贝尔文学奖获得者莫言著的《蛙》等乡土文学作品，刘慈欣著的科幻小说《三体》、麦加著的系列侦探小说等在国外发行，受到国外读者的欢迎。

(3)传统佳节:近年来，中国传统节日，如春节、端午节和中秋节等通过晚会和文化节目传播到海外，越来越受世界各地人民的喜爱，与节日相关的礼品、美食以及庆祝活动也越来越受到西方人的青睐。

中国文化对外有效传播，不仅要依靠中国的传播主体和媒体挖掘文化内涵，而且要通过国外媒体和国际友人进行传播，用中西方文化对比的方式讲西方人听得懂、喜欢听、能引起共鸣的中国故事，只有这样才能真正有效地弘扬中华优秀传统文化。

第四节　文化自信

习近平总书记在党的二十大报告中提出了"推进文化自信自强，铸就社会主义文化新辉煌"的重大任务，就"繁荣发展文化事业和文化产业"作出部署安排，为做好新时代文化工作提供了根本遵循、指明了前进方向。

要讲好中国故事，树立文化自信，首先要了解和热爱自己的民族文化，这是我们中华民族伟大复兴的重要前提条件。

中华民族在创造人类文明的进程中，不断总结先人在农业、水利、数学、天文等领域取得的成功经验，并将它们记载传承了下来。这些著作凝结了中国劳动人民的智慧，堪称中国之最与世界之最，不仅树立了中华民族的文化自信，而且增强了中华民族的自豪感。

一、中国的科学著作

1.《九章算术》

《九章算术》是现存最早的中国古代数学著作之一，是《算经十书》中最重要的一种，共收有246个数学问题，总结了自周朝以来的中国古代数学，标志着中国古代数学体系的形成。书中关于分数、双设法、一次方程等数学问题都是世界上最早记载的论述。

2.《梦溪笔谈》

《梦溪笔谈》是北宋科学家沈括所著的笔记体著作，包括《笔谈》《补笔谈》和《续笔谈》三部分，收录了沈括一生的所见所闻和见解，内容涵盖了几乎所有学科，反映了我国古代，特别是北宋时期在自然科学方面所取得的成就。《梦溪笔谈》是一部百科全书式的著作，是中国科学技术史上的重要文献。

3.《天工开物》

《天工开物》由明末宋应星所著，是中国古代一部综合性的科学技术著作，书中记载了明朝中叶以前中国古代的各项技术。全书分为上、中、下三篇，共18卷，并附有123幅插图，被称为“中国17世纪的工艺百科全书”。《天工开物》是中国科技史料中保存最为丰富的一部，具有极高的研究价值。

二、中国的十大国粹

中国不仅拥有世界上最多的世界物质文化遗产、自然文化遗产，而且还拥有最多的非物质文化遗产。

什么是国粹？

国粹是指完全发源于中国，并属于中国固有文化中的精华。在中国，国粹是指中华民族传统文化中最具有代表性和最富有独特内涵的，深受各时代人欢迎的文化遗产。请问你能说出几种国粹？

中国的国粹主要包括：京剧、功夫、中医、书画、围棋、瓷器、茶道、古琴、汉服、刺绣等。

国粹是中国特有的文化符号，是中国传统文化中的重要组成部分。近年来，中国的国粹越来越受到世界人民的欢迎。下面重点介绍中国功夫与汉服。

1. 中国功夫

中国功夫是中国武术和中国气功的一种统称，是中华民族在长期的生活实践和人类自身的肢体认识过程中形成的一种文化现象，是中华传统文化的宝贵遗产，也是一种特殊的极具价值的强身健体的体育运动方式。

中国功夫按性质大致可分为内功、外功、硬功、轻功和气功等；按技法又分为拳术、棍术、枪术、刀术、剑术、技击散打以及器械对练等共计一百多种。中国武术中最主要的拳术可分为少林拳、太极拳、形意拳、八卦掌和咏春拳等，其中，少林拳又分为龙拳、虎拳、豹拳、蛇拳以及鹤拳。

自20世纪80年代以来，中国功夫随着中国武打电影走向了世界，受到众多外国人的喜爱和崇拜，成为中国最具代表性的一种文化符号。河南少林寺因电影《少林寺》而火遍全球；《卧虎藏龙》的导演李安曾因此片荣获奥斯卡奖；《功夫熊猫》将更多中国文化符号，如功夫、筷子、包子等传递给了西方人，很好地宣传了中国文化。像李小龙、成龙、李连杰、甄子丹、吴京等一大批优秀功夫演员也受到西方人的喜爱，他们为中国武术文化走出去，弘扬中华优秀传统文化探索出一条可行之路。2023年3月华人武打女演员杨紫琼在第95届奥斯卡颁奖大会上摘夺影后桂冠，成为奥斯卡历史上第一位"华裔影后"。

2. 中国汉服

1）汉服介绍

汉服是汉民族的传统民族服装，是最能体现汉族特色及信仰的服装，是华夏礼仪文化的必要组成。

汉服，全称是"汉民族传统服饰"，又称汉衣冠、汉装、华服，起源于商周时期，经过秦朝的发展，到了汉代逐渐成熟，在汉族的主要居住区，以"华夏－汉"文化为背景和主导思想，以华夏礼仪文化为中心，通过自然演化而形成的具有独特汉民族风貌特征的服饰。

2）汉服的构成

汉服的基本形制是"交领右衽，不用扣子，而用绳带系结"；汉服不但种类丰富，工艺考究，而且其配饰也非常丰富。

3）汉服的特色

汉服与其他民族服饰相比，具有飘逸、典雅庄重、含蓄委婉、灵动自然、清淡平易的特点。

历史上，汉服文化曾经影响到整个亚洲圈，如日本的和服、韩国的韩服、越南的奥黛以及东南亚一些国家的民族服饰都曾受到我国汉服的影响。近年来，在中国年轻人中又掀起了一股"汉服"热，这是因为汉服在很大程度上被视为中华传统文化的象征，处处体现着中国传统服饰文化的魅力。年轻人通过穿汉服可以更好地了解和弘扬中华传统服饰文化，增强中华民族的认同感与自豪感，树立文化自信。

三、树立文化自信

党的二十大报告对建设社会主义文化强国作出了战略部署，为我们不断推进文化自信自强提供了根本遵循。

在全球化的大背景下，如何处理好全球化与本土文化之间的关系，增强文化自信，是我们目前面临和亟待解决的一个重要问题。

1. 全球化

1）全球化的定义

通常意义上的全球化是指全球联系不断增强，国与国之间在政治、经济贸易上互相依存。

2）全球化的特点

全球化主要具有世界多极化、经济全球化、文化多样化、教育国际化、社会信息化等特点。

3）全球化发展趋势

随着互联网科技与交通的不断发展，国与国之间文化交流的渠道与频率也在不断增加，因此，不同文化相互渗透融合，呈现出文化多元化、趋同化的发展趋势。

2. 本土文化

全球化是世界未来发展的大趋势，中国是全球化的受益者。但是，在面临西方文化对中国文化不断渗透和冲击的情况下，我们不能丢失自己的本土文化，即民族文化，因为"只有民族的才是世界的。"

在全球化背景下，我们既要兼收并蓄、包容和吸收优秀的外来文化，也要弘扬和传承中华优秀传统文化，只有了解自己的民族文化，才能将中国的儒家思想、道家哲学、典籍著作、中国国粹、世界文化遗产传承下去，弘扬出去。

中国茶文化的海外传播与影响

随着中国综合国力的显著增强，中国优秀传统文化已经超越国界，成为世界共享的资源。中国是茶的故乡，也是茶文化的发源地。中国茶文化作为中国优秀传统文化的重要组成部分，也是世界上最悠久、最具影响力的茶文化之一。中国茶文化因其特定的内涵，具有很强的民族特性，而越具有民族性的文化，也越具有世界性。中国茶文化在不断丰富发展的过程中，也不断地向周边国家传播，不断影响着这些国家的饮食文化。自唐代起，中国茶艺就开始在世界范围内传播，并深受许多国家和地区人们的喜爱。

1. 在日本的传播与影响

8世纪上半叶，中国的茶和茶文化以佛教为传播途径传入日本。日本最初是完全照搬中国贵族书院式的茶道模式，后将引入的中国茶文化与本国传统文化相结合，逐渐形成具有自己民族特色的日本茶文化。日本茶道讲究遵循"四规""七则"。四规指"和、敬、清、寂"，乃茶道之精髓。"和、敬"是指主人与客人之间应具备的精神、态度和辞仪。"清、寂"则是要求茶室和饮茶庭园应保持清静典雅的环境和气氛。七则指的是：提前备好茶，提前放好炭，茶室应冬暖夏凉，室内插花保持自然美，遵守时间，备好雨具，时刻把客人放在心上等。日本茶文化倡导的"四规"和"七则"，以及日本的茶道艺术，均与佛教息息相通，散发着中国唐宋时代的文化气息。

2. 在韩国的传播与影响

在唐朝时期，中国茶文化正式传入朝鲜半岛。韩国的茶道精神是以新罗统一初期的高僧元晓大师的"和静"思想为源头，最后由草衣禅师集韩国茶道精神之大成，倡导"中正"精神。韩国的茶道精神即"敬、礼、和、清、中正"，体现了中国儒家思想。

3. 在英国的传播与影响

1662年，清代康熙年间，中国红茶和精美的中国茶具作为嫁给英国国王查理二世的葡萄牙公主凯瑟琳(Catherine of Braganza)的陪嫁品，传入英国宫廷。自此，饮茶成为英国上流社会的时尚。凯瑟琳也被人称为"饮茶皇后"。到了18世纪中期，红茶已成为英国的全民饮品。英国茶文化在漫长的历史发展中，兼蓄了包括中国茶文化在内的他国茶文化，形成了独具特色的英国茶文化。英国茶文化作为西方茶文化的典型代表，影响了世界茶习俗、茶文化和茶产业。

茶从中国走向世界，目前已成为和咖啡、可乐并驾齐驱的世界三大饮品之一。它不仅是一种饮品，而且蕴含着丰富的人生哲理与智慧，为人类的不断进步和文明的发展源源不断地供给养分。汇聚儒释道三家文化之精髓的茶文化是世界各国沟通、交流、文明互鉴的重要纽带。中国古语道："以茶会友"，愿这片小小的树叶在中西方经济发展交流中一如既往地做出杰出贡献。

资源共享

一、精彩图片

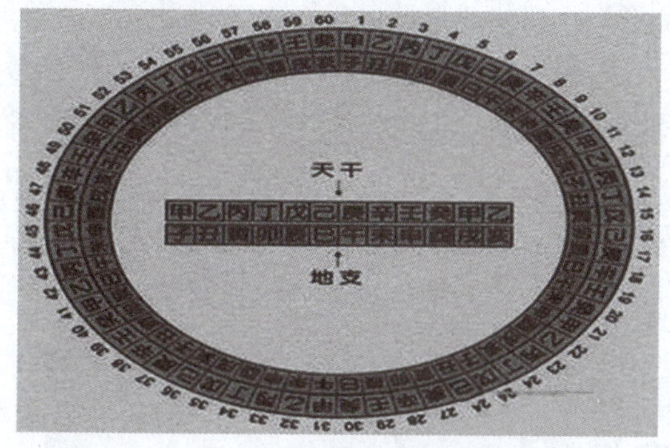

天干地支图

少林功夫

都江堰

古罗马水渠

二、图书推荐

[1] 王霁. 中国传统文化[M]. 2 版. 北京：清华大学出版社，2021.

[2] 魏黎波. 中国传统文化十讲[M]. 北京：科学出版社，2018.

[3] 张绍元. 文化自信：中华优秀传统文化核心思想理念读本[M]. 北京：中国言实出版社，2017.

三、视频推荐

(1) 古韵新声：中央广播电视总台和国家文物局联合录制的大型创新文化节目。

(2) 典籍里的中国：中央广播电视总台重点文化类创新节目。

(3) 绿水青山看中国：中央电视台综合频道与中央电视台科教频道推出的一台大型演播室益智类文化节目。

本章测试

一、判断题

请判断下列句子是对还是错。

1. 华佗的《伤寒论》是现存最早的中医理论著作，他被称为“针灸之祖”。（　　）

A. 对　　B. 错

2. 扁鹊提出“望、闻、问、切”四诊断法，被称为“医祖”。（　　）

A. 对　　B. 错

3. 中医的诊断方法主要是四诊，即望诊、闻诊、问诊、切诊。（　　）

A. 对　　B. 错

4. 与中国传统医学不同，西方传统医学是基于古巴比伦、古埃及、古印度、古希腊和古罗马的传统医学基础上发展起来的一门医学学科，他们建立了人体解剖学、外科学、内科学和传染病学等。（　　）

A. 对　　B. 错

5. 与中国生肖文化不同，西方对应的是星座文化。（　　）

A. 对　　B. 错

6. 从文化传播的视角来看，西方人对中国文化的了解远不如中国人对西方文化的了解。（　　）

A. 对　　B. 错

7.《梁山伯与祝英台》的传说在民间有很多不同的艺术形式，除了大家熟悉的越剧之外，还有小提琴协奏曲和舞蹈。这些传说在我国已经流传了几千年，现在已经比《罗密欧与朱丽叶》在国际上享有更广泛的知名度与影响力。（　　）

A. 对　　B. 错

8. 近年来，随着对中国典籍、文学、电影等翻译与对外宣传的力度不断加强，对外传播取得了可喜的成绩。（　　）

A. 对　　B. 错

9. 要讲好中国故事，树立文化自信，首先我们要了解和热爱自己的民族文化，这是我们中华民族伟大复兴的重要前提条件。（　　）

A. 对　　B. 错

10. 中国功夫是中国武术和中国气功的一种统称，是中华民族在长期的生活实践和人类自身的肢体认识的过程中形成的一种文化现象，是中华传统文化的宝贵遗产，也是一种特殊的极具价值的强身健体的体育运动方式。（　　）

A. 对　　B. 错

二、选择题(单选或多选)

请在下列 A,B,C,D 选项中选择一个或多个正确答案。

1. 下列属于春季节气的是(　　)

A. 惊蛰　B. 芒种　C. 白露　D. 寒露

2. 我国古代中医史上的外科之祖是(　　)

A. 华佗　B. 黄帝　C. 张仲景　D. 孙思邈

3. 二十四节气能够指导人们(　　)

A. 从事农耕生产　B. 提醒百姓合理穿衣　C. 指导安全出行　D. 指导科学养生。

4. 药学的先驱是(　　)

A. 拉吉斯　B. 阿维森纳　C. 盖伦　D. 波克拉底

5.《医典》是(　　)的著作

A. 拉吉斯　B. 阿维森纳　C. 盖伦　D. 波克拉底

6. 西药治疗的先驱是(　　)

A. 拉吉斯　B. 阿维森纳　C. 盖伦　D. 帕拉塞尔苏斯

7. 随着科技的不断进步与发展,国际传播的方式与途径越来越多,越来越高效,比如(　　)

A. 文字讲述　B. 影视作品讲述　C. 旅游参观　D. 口头讲述

8. 英国莎士比亚四大悲剧具有很高的世界影响力。以下属于这四大悲剧的有(　　)

A.《麦克白》　B.《奥赛罗》　C.《李尔王》　D.《罗宾汉》

9. (　　)是现存最早的中国古代数学著作之一,是《算经十书》中最重要的一种,共收有246个数学问题,总结了自周朝以来的中国古代数学,标志着中国古代数学体系的形成。

A.《九章算术》　B.《梦溪笔谈》　C.《天工开物》　D.《笔谈》

10.《梦溪笔谈》是北宋科学家沈括所著的笔记体著作,包括《笔谈》《补笔谈》和《续笔谈》三部分,收录了沈括一生的所见所闻和见解,内容涵盖了几乎所有学科,反映了我国古代,特别是北宋时期在(　　)方面所取得的成就。

A. 自然科学　B. 天文　C. 地理　D. 数学

三、思考题

1. 中国对外传播文化的主体发生了什么样的变化?

2. 在全球化背景下,如何保持民族特色?

第十二章 国际交流与国际形象

第一节 国际交流

视频文本

一、国际交流的定义

国际交流是指不同国家、政府、企业、组织或个人之间在政治、经济、贸易、文化、教育、医学、科技、军事、外交、社会生活等诸多方面的相互往来与交流合作。

回顾历史，中国曾经出现过数次对外国际交流的高潮时期，发生了许多重大历史事件，出现了许多为中西方交流做出突出贡献的重要人物。如汉朝张骞出使西域，开辟了陆上丝绸之路；唐朝高僧玄奘去天竺学佛求经，带回了大量佛经；元朝时期意大利人马可·波罗，随父亲和叔叔来到中国经商，后在朝廷做官，生活长达17年，他将自己在中国的所见所闻通过《马可·波罗游记》一书传播到西方，引发西方人对东方的向往；明朝万历年间意大利传教士利玛窦来到中国传教，他不仅带来了西方先进的天文、历法、自然科学、哲学、艺术，同时还将中国传统文化典籍《四书》译成拉丁文传播到西方，为中西方文化传播做出了巨大贡献。

二、国际交流的类型

国际交流按照其性质、形式、级别、目的等可以分为以下几种：

(1)按性质区分:官方交流与非官方交流(民间交流)。

(2)按形式区分:组织交流与个人交流。

(3)按级别区分:国家交流与区域交流。

(4)按目的区分:政治交流、学术交流、会议交流、合作交流、谈判交流、文化交流、行业交流(经济、贸易、金融、法律、科技、教育、医疗、文艺、体育,等等)。

三、国际交流主要涉及的领域

中国政府高度重视与世界各国在各领域加强合作与交流。随着中国对外开放的不断深入,中国对外开展国际交流的步伐不断加快,交流合作的领域更宽,频率更快,改革开放四十多年来取得了举世瞩目的丰硕成果。

目前我国的国际交流项目几乎涵盖了所有领域,包括政治、军事、经济、贸易、科技、文化、教育、体育、旅游、劳务输出、国际活动、国际会议、商业投资、商务谈判、维和部队、国际贸易、医疗援助、工程建设、文艺演出、艺术展览、学术交流(出国访学、留学)、国际体育赛事、探亲、访友等。

四、国际组织与联合国

作为全球重要的一个国际组织,联合国自1945年10月成立以来,在处理全球事务,诸如领土争端、军事冲突、自然灾害等重大危机方面发挥了非常重要的作用。联合国设有五个常任理事国——中国、美国、俄罗斯、英国和法国。联合国的工作语言分别是英语、法语、俄语、中文、阿拉伯语和西班牙语。联合国总部设在美国纽约市,另外有三个办事处,分别设在瑞士的日内瓦、奥地利的维也纳以及肯尼亚的内罗毕。

1. 国际组织的分类

国际组织主要分为政府间组织和非政府间组织两大类,也可分为区域性国际组织和全球性国际组织。政府间的国际组织主要有联合国、欧洲联盟、非洲联盟、东南亚国家联盟(东盟),世界贸易组织等,非政府间的国际组织有国际足球联合会、国际奥林匹克委员会、国际红十字会等。

2. 重要国际组织名称

近年来,在有关国际重要会议和重大国际事件的新闻报道中经常会提到下列重要的国际组织名称,下面就来了解一下重要国际组织的中英文名称以及它们的缩写。

序号	中文名称	英文全称	英文缩写
1	联合国	The United Nations	UN
2	联合国大会	General Assembly	UNGA
3	联合国安全理事会	Security Council	UNSC
4	(联合国)粮食及农业组织	Food and Agriculture Organization of the United Nations	FAO
5	联合国教科文组织	United Nations Educational, Scientific and Cultural Organization	UNESCO
6	联合国儿童基金会	United Nations Children's Fund	UNCF
7	世界卫生组织	World Health Organization	WHO
8	世界气象组织	World Meteorological Organization	WMO

续表

序号	中文名称	英文全称	英文缩写
9	世界贸易组织	World Trade Organization	WTO
10	世界知识产权组织	World Intellectual Property Organization	WIPO
11	世界和平理事会	World Peace Council	WPC
12	国际劳工组织	International Labour Organization	ILO
13	国际货币基金组织	International Monetary Fund	IMF
14	国际奥林匹克委员会	International Olympic Committee	IOC
15	石油输出国组织	Organization of Petroleum Exporting Countries	OPEC
16	亚太经济合作组织	Asia-Pacific Economic Cooperation	APEC
17	非洲联盟	African Union	AU
18	博鳌亚洲论坛	Boao Forum for Asia	BFA
19	东南亚国家联盟公约	Association of Southeast Asian Nations	ASEAN
20	联合国可持续发展委员会	Commission on Sustainable Development	CSD
21	欧洲联盟	European Union	EU
22	欧洲经济共同体	European Economic Communities	EEC
23	二十国集团	Group of Twenty	G20
24	国际能源机构	International Energy Agency	IEA
25	经济合作与发展组织	Organization for Economic Cooperation and Development	OECD
26	亚洲太平洋经济合作组织	Asia and Pacific Economic Cooperation)	APEC
27	红十字国际委员会	International Committee of the Red Cross	ICRC
28	上海合作组织	Shanghai Cooperation Organization	SCO
29	联合国环境规划署	United Nations Environment Programme	UNEP

五、中国举办的国际盛事

近年来，中国积极参与国际重大活动，同时在国内也成功举办过多项大型国际会议及活动，提高了我国在国际上的知名度与影响力。接下来，让我们一起来回顾近二十年来，中国成功举办的重大国际会议和赛事。

2008 年北京奥运会

2010 年上海世界博览会

2015 年郑州"上海合作组织峰会"

2015 年北京首届"一带一路"国际合作高峰论坛

2016 年杭州 G20 峰会

2017 年厦门金砖会议

2018 年上海首届中国国际进口博览会

2018 年浙江乌镇世界互联网大会

2019 年北京第二届"一带一路"国际合作高峰论坛

2019 年北京世界园艺博览会

2019 年北京亚洲文明对话大会

2019 年武汉世界军人体育运动大会

2019 年浙江乌镇世界互联网大会

2019 年上海第二届中国国际进口博览会

2020 年上海第三届中国国际进口博览会

2021 年海南举办首届中国国际消费品博览会

2021 年 5 月《生物多样性公约》大会在昆明召开，会议主题为"生态文明：共建地球生命共同体"

2021 年上海第四届中国国际进口博览会

2022 年北京举办第 24 届世界冬季奥林匹克运动会

2022 年海南博鳌亚洲论坛 2022 年年会

2022 年海南举办第二届中国国际消费品博览会

2022 年上海第五届中国国际进口博览会

六、高校国际交流项目

(1)我国高校教师可以申请福布赖特项目、国家留学基金委资助的海外高校访问学者项目、地方合作项目、中青年教师进修项目、教育部中外语言交流合作中心的海外汉语教师项目以及汉语志愿者项目等。

(2)学生可以申请国家留学基金委资助的公派留学项目、中外联合培养博士生项目、短期交换留学生项目以及汉语志愿者项目等。

(3)申请参加国际学术会议、国际大赛、夏令营等活动。

无论参加什么样的国际交流活动，我们一定要通晓国际准则，懂得国际礼仪，因为我们每个人不仅代表自己的个人形象，更代表着中国形象。

第二节　国际礼仪

视频文本

中国既是一个文明古国，又是一个新兴大国。在处理对外关系时，中国始终坚持“互相尊重主权和领土完整，互不侵犯，互不干涉内政，平等互利，和平共处”的“五项基本原则”。在参与和处理国际事务时，一贯遵守国际惯例和国际礼仪，体现大国风范。

一、礼仪概述

中国自古就有“礼仪之邦”之称。历史上著名的思想家和教育家荀子、孔子对于“礼仪”有过非常精辟的论述。荀子认为“人无礼则不生，事无礼则不成，国无礼则不宁”。“礼”是我们为人处事和治国理政的最佳方式。荀子还指出，“礼者，敬人也”。懂礼的人会首先尊重别人。孔子认为“礼者，理也”，意思是礼是做人的道理。孔子还说“不学礼，无以立”，意思是不学礼就无法立身。由此可见，礼仪对于个人和国家是多么的重要。“礼”不仅是个人素养的体现，更是一个国家、一个社会文明程度的象征。

不同国家都有各自独特的“礼仪”文化。如何在国际交往中做一个“知书达理”的“绅士”或“淑女”，既“不失礼”，又不冒犯他人呢？这就要求我们在跨文化交际时要懂得和尊重国际礼仪。

二、国际礼仪定义

国际礼仪是指在国际交往中约定俗成的行为规范、国际惯例，即人们在国际交往中，其礼貌的具体表现形式。

在从事涉外活动时，要了解国际上常用的一些约定俗成的行为规范和原则。国际礼仪主要分为政务礼仪、商务礼仪、服务礼仪以及社交礼仪等，常见的社交礼仪包括见面礼、介绍礼、着装礼、宴请礼、敬酒礼、馈赠礼、乘车礼、电话礼、会议礼，等等。

下面重点谈谈几个最常见的国际礼仪。

1. 见面礼仪

不同国家有不同的见面礼，东西方差异很大。

(1)握手礼：这是目前国际通用的政务礼仪和商务礼仪。握手时双方应目光对视、虎口相对、力度适中，一般上下晃三下，握手时间不宜过长。国家领导人见面握手时，要转身面向前方，给媒体留些拍照时间。

握手的顺序遵守“以尊为先”原则。一般应由主人、年长者、身份职位高者和女士先伸手；客人、年轻者、身份职位低者和男士见面时先问候，待对方伸手后再握。

(2)拥抱和贴面礼：这是欧美国家常用的见面礼，既可用于朋友会面，也可用于商务和政务场合。

(3)鞠躬礼：这是日本人常用的礼仪，除了见面时会行鞠躬礼之外，在表示道歉或告别时也会行鞠躬礼。在我国的服务行业中，鞠躬礼通常表示“欢迎光临”的意思。

(4)合十礼：这是在印度、泰国以及东南亚一些国家使用的见面礼，这种礼源自佛教中的一种见面礼仪。

(5)碰鼻礼：这是新西兰土著居民毛利人的一种传统见面礼，双方先握手，再碰鼻，然后共同呼吸，表示“同呼吸，共命运”。

(6)吻手礼:这是英国贵族和绅士对贵妇人和贵族小姐行的一种礼仪。

(7)叩拜礼:这是中国人的传统见面礼,一般用于见面问候时、结婚行礼时和表示感谢时。行礼人双手抱拳。注意在行礼时男女有别,男士要用右手握住左拳,女士则相反,需用左手握住右拳。近几年,为了防止身体接触感染疾病,西方人改用碰肘礼,中国人又开始行叩拜礼。

2. 介绍礼仪

介绍礼仪通常分为自我介绍和介绍他人两种。

1)自我介绍

在自我介绍前,应先向对方点头致意,得到回应后再向对方介绍自己的姓名、单位和身份,同时递上事先准备好的名片。

2)介绍他人

介绍礼的顺序遵守"以卑为先"的原则,依次是把年轻人介绍给年长者;把职务低者介绍给职位高者;如果双方年龄、职务相当,则把男士介绍给女士,把家人介绍给同事、朋友,把熟悉的人介绍给不熟悉的人,把后来者介绍给先到者。

3. 会议礼仪

会议礼仪主要指会议上的席位安排、接待方面的礼节。席位安排应根据会议的规模、形式和主办方的文化来决定。

1)会议的形式

(1)小型会议:面门而坐,客人及尊者居右而坐。

(2)大型会议:大型会场的主席台,一般应面对会场主入口。在主席台就座的人通常应当与在群众席就座的人呈面对面之势。主席台排座,具体又可分为主席团排座、主持人席位和发言人席位三个不同的排位。排定主席团位次的基本规则有三:一是前排高于后排;二是中央高于两侧;三是右侧高于左侧。判断左右的基准是顺着主席台上就座的视线,而不是观众的视线。

会议主持人,又称大会主席,其具体席位有三种方式可供选择:一是居于前排中央;二是居于前排两侧;三是按其具体身份排座。

2)席位安排形式

(1)自由式——非常熟悉的人之间在非正式的场合;难以排定的情况下。

(2)相对式——面对面而坐,以便拉开距离,给人公事公办的感觉。

(3)并排式——平起平坐,表示友善。

席位安排应遵循的原则:

宾主对面而坐,面门为上;宾主并列而坐,以右为上;难以排列时,可自由选择会议席位的安排。

一般离入口较远的地方为上座,三人时以中间为上座。若对方未用桌牌指定时,按职位高低依次就座。同行中的领导在中途要退席时,要一起站起来向客户致意。当对方的领导进来时,要一起站起来打招呼,表示礼貌。

以上三种席位安排应遵循的原则和迎送领导的起身礼仪决定着一个人是否能够对方留下好的印象,也决定着双方在交流中能否继续下去。

3)会场布置

会场需要提前布置桌子、椅子、桌牌、指示牌、签到处、麦克、音响、投影仪、电脑、插座、灯光、讲台、鲜花、茶水等物品。

三、国际礼仪原则

由于文化差异的缘故，不同国家在礼仪上会存在很大区别。目前国际上通用的礼仪虽然大多是依据西方文化制定的，但是有些价值观与多数国家是一致或相似的。例如，守时守信、尊老爱幼、诚实友善、举止文明、关心体谅、先来后到、保护环境、爱护动物等。在国际交往中我们应该求同存异、包容体谅、换位思考，只有这样，才能避免矛盾冲突，消除误解，合作共赢。

在国际交流中，如何才能做到既有礼，又不失大国风范呢？我们应该牢记和遵守以下原则：

(1)相互尊重、遵守惯例；

(2)入乡随俗、灵活有度；

(3)不卑不亢、信守约定；

(4)以右为尊、女士优先。

俗话说"礼多人不怪"。国际礼仪是各国处理国际关系的润滑剂，只要我们在国际交流过程中做到知礼、懂礼、行礼、有"礼"，便能走遍天下，广交朋友，树立良好的国际形象。

第三节 国际传播

视频文本

一、国际传播的定义

国际传播(international communication)是在民族、国家或其他国际行为主体之间进行的，由政治所规定的跨文化的信息交流与沟通。国际传播与国家利益相关联，带有明显的政治倾向性和意识形态色彩。

国际传播分为广义和狭义两种。

广义的国际传播是随着国家的出现而出现的，主要包括国家与国家之间的外交往来行为，例如，首脑互访、双边会谈、地区间峰会以及其他相关事务。

狭义的国际传播是随着大众传媒的出现和发展以及信息全球化地逐步展开而兴起的，在大众传播基础上所进行的国与国之间的传播。例如，开设国际广播电台、电视台，向其他国家发送广播和电视节目等。

简单地讲，国际传播就是通过大众传播媒介进行的跨越民族国家界限的国际信息传播及过程。国际传播包括两个部分：一个是由外向内的传播，一个是由内向外的传播。

二、国际传播的主体

对于谁是国际传播的主体，国内外学者持有不同的意见。一般来讲可以分为两大主体。

1. 国家主体说

国际传播国家主体说是指以国家社会为基本单位，以大众传播为支柱的国与国之间的传播。

2. 多元主体说

国际传播多元主体说是指在国际传播中，不同国家和地区的多个主体参与和影响的观点与理论。它认为国际传播不再是单一国家或地区的传播，而是由多个国家、地区、组织、企业及个人共同参与和影响的过程。

三、国际传播的内容

国际传播的内容主要是指国际新闻的传播，涉及政治、军事、经济、科技、教育以及文化等信息。

党的十八大以来，中国政府非常重视我国在对外国际传播能力的提升和效果，连续多年开展了一些对外传播中国文化的影视作品评选活动，取得了良好效果。例如，2020 年，在中华人民共和国文化和旅游部的指导下，在互联网上开展了“云・游中国”在线系列活动，内容包括旅游图片暨视频展播活动、中国主题短片和音乐作品展映、在线讲授汉语和太极拳课程等，让各国民众足不出户便可领略中国大好风光，感受中国文化魅力，从获奖的十部作品来看，关于中国文化类的宣传内容深受海外网友的喜爱和欢迎。其中有些作品在国内也引起网友和观众的共鸣。

下面给大家介绍几个近年深受国内网友和观众喜爱的，反映中华优秀传统文化的影视、综艺以及舞蹈作品。

1. 纪录片《寻找功夫》

美国导演龙安志（Laurence Brahm）拍摄的纪录片《寻找功夫》，2020 年先后获得第五届加拿大金枫叶国际电影节“纪录片类最佳制片”和“纪录片导演成就奖”、戛纳丝绸之路电影节“最佳叙事类纪录片”奖。影片从一位国外资深功夫爱好者的视角，探究功夫的起源和发展、所蕴含的武学思想与中国精神以及对世界各国的影响。

2. 国产综艺节目

国产综艺节目近年在海外的热度丝毫不减，《王牌对王牌》等节目还登上了多家海外社交媒体的热搜榜。

3. 中国民族舞剧

中国歌剧舞剧院在 2021 年 1 月推出“舞动中国・中国歌剧舞剧云端演出季”，通过海外社交平台直播演出经典原创民族舞剧《孔子》《李白》《祝福春天文艺演出》《春华国韵民族音乐会》。演出季活动相关视频和发文在海外社交平台的覆盖量达到 1.3 亿，视频播放量超过 2500 万次。

4. 中国传统舞蹈

《唐宫夜宴》是郑州歌舞剧院在 2021 年河南卫视春晚上演出的舞蹈，不但在国内广受好评，也在国外社交平台上引起广泛关注，网民留言称这是“难以置信的美！”把弘扬传统文化与运用现代技术创新表达相结合，这是《唐宫夜宴》的成功带给中华文化国际传播的最大启示。2022 年春节联欢晚会上的舞蹈《只此青绿》也火出了圈。河南卫视推出的《七夕奇妙游》节目利用现代科技将历史与舞蹈完美融合在一起，给人们带来了一场极具震撼的视觉盛宴，充分展示了中华传统文化与传统艺术之美。

四、国际传播的方式

随着互联网的兴起，国际传播的方式发生了巨大变化，传播方式由过去单一的官方媒体渠道，如报纸、杂志、广播、电视等到现在丰富的社交平台和自媒体，国际传播的范围更大、覆盖面更广、速度更快、效果更佳、影响力更大。

1. 中国官方主流报刊杂志

《人民日报》《新华社》《求是》《解放军报》《光明日报》《经济日报》《中国日报》《科技日报》《中国纪检监察报》《工人日报》《中国青年报》《中国妇女报》《农民日报》《法制日报》《中新社》等。

2. 中国对外广播电台与电视台

中央人民广播电台、中央电视台、CRI 国际在线、中央国际广播电台、CGTN 中国国际网络电视台、中央电视台海外频道以及海外多语种国际频道。

3. 中国官方网站与自媒体社交平台

1）中国官方与主流网站

新华网、人民网、中国新闻网、央视网、国际在线、中国广播网、新浪网、搜狐网、网易新闻。

2）自媒体与社交平台

腾讯、优酷、爱奇艺、微博、微信、QQ、今日头条、抖音、西瓜视频、快手等，这些自媒体与社交平台为中国对外话语传播做出了积极贡献。

西方在国际传播方面的影响力之所以比我们大的主要原因在于他们的传媒起步早、机构多、布局广、形式多、渠道广、速度快等，在全球产生了极大的影响力。这一点给我们带来很大启发，值得我们借鉴。

五、国际传播的效果

中国政府在党的十八大召开之后，提出要加强中国对外传播的力度，加强文化内涵建设，坚定文化自信，加强与其他国家之间的文明互鉴，全方位、多维度和多渠道构建具有中国特色的话语体系，讲好中国故事，传播好中国声音，提升中国对外的国际传播能力与影响力，为构建人类命运共同体贡献中国主张、中国智慧和中国方案。

第四节　国际形象

视频文本

扫码看视频

中国正在走向世界舞台的中央，中国的形象越来越受到各国人民的关注。2022 年 11 月 15 日，中国国家主席习近平出席在印度尼西亚巴厘岛召开的 G20 峰会，开展双边外交和多边外交，再次展现了我国的大国外交与大国风范。

一、国际形象的定义

国际形象通常指一个国家、一个民族的人民在国际上给世人留下的总体印象。国家形象一般由个人形象、名人形象、企业或组织形象、政府形象以及国家领导人形象等集体塑造而成。

二、国际形象的构成要素

国际形象是由一个国家的政治、军事、外交、经济、科技、教育、语言、文化、历史、法制、生态、物质财富、精神风貌、生活方式、幸福指数、健康指标等要素构成的，是一个国家综合实力的集中体现。一个国家的国际形象主要取决于他的经济、军事、科技和教育四大要素。

三、国际形象与国家综合实力

一个国家的国际形象不是一成不变的。国际形象是随着一个国家的综合国力的兴衰而变化的。下面我们就来回顾一下曾在世界历史舞台上享有霸主地位的几个国家的兴衰史。

1. 西班牙帝国、葡萄牙帝国——殖民强国

15 世纪末，哥伦布登上美洲大陆之后，其所到之处都被划为西班牙的据点。西班牙以西印度群岛为基地，不断向南美大陆扩张，先后侵入墨西哥、秘鲁，16 世纪中期先后在今天的智利、哥伦比亚、阿根廷、巴拉圭等地建立殖民地。后又在北美的佛罗里达和亚洲的菲律宾建立殖民据点。

自 15 世纪开始，葡萄牙人开始在非洲西海岸建立殖民据点，16 世纪，又在非洲东海岸开辟了一条商路，先后占据了红海口、霍尔木兹和马六甲等重要入海口。1532 年葡萄牙在南美洲东部的巴西建立殖民据点。

从 15 世纪末到 17 世纪初，葡萄牙和西班牙帝国在殖民扩张的同时，大量掠夺殖民地的金币、珍珠、珠宝等财富，还将非洲黑人贩卖到美洲当奴隶。

2. 英国——日不落帝国

英国的全称是大不列颠及北爱尔兰联合王国，15世纪70年代，英国开启了圈地运动，为英国的工业革命奠定了经济基础，18世纪60年代至19世纪30年代，英国完成第一次工业革命，使其一跃成为世界上经济最强大的国家。18世纪至20世纪初，英国统治的领土跨越全球七大洲，是当时世界上最强大的国家和第一大殖民帝国，号称"日不落帝国"。后来除了美国和印度两个殖民国家独立之外，加拿大、澳大利亚、新西兰等国家仍属于英联邦国家。到20世纪下半叶，大英帝国解体，其超级大国的地位被美国取代。

3. 俄国——军事强国

1721年彼得一世建立俄罗斯帝国，此后便不断对外扩张领土，曾吞并欧亚多个国家。18世纪中后期，叶卡捷琳娜二世统治时，俄国达到鼎盛时期，成为横跨欧、亚、美三大洲的超级大国。第一次世界大战之后，从俄罗斯帝国独立出去的各个国家组成苏联，冷战时期成为与美国抗衡的一个超级大国，美苏两个超级大国不断开展军备竞赛和太空竞争。苏联解体后，最大加盟国俄罗斯继承苏联大部分军事力量。

4. 美国——世界霸主

美国的全称是美利坚合众国。15世纪末，美国曾经是西班牙、荷兰、法国以及英国等国的殖民地。1776年7月4日宣布独立。1861—1865年美国经历了内战，在林肯总统的带领下废除了奴隶制后，又通过战争和购买邻国土地的手段不断扩大自己的版图，通过引入大批优秀移民发展其经济、金融、科技、教育和文化产业，一跃成为西方乃至世界的霸主。

从上述几个国家的崛起来看，他们都具有一个共同特点，即靠战争、侵略和殖民等手段成为世界霸主。

四、中国形象——文明古国

纵观历史，中国作为一个文明古国曾经多次在世界上享有很高的国际地位，具有良好的国际形象。早在汉朝、唐朝、元朝、明朝，通过"丝绸之路"，中国就将茶叶、丝绸、瓷器、四大发明以及中国的哲学思想、典籍著作等物质文明和精神文明传到了西方，西方人通过《马可·波罗游记》看到了繁荣昌盛、国泰民安的中国，激起了西方人对中国的向往。直到清朝，中国政府开始闭关锁国，中国人沦为西方人眼中的"东亚病夫"，中国形象一落千丈，从一个文明大国沦为一个受西方列强欺凌的弱国。

如今，中国在国际上的形象和影响力不断提升，中国高举促进世界和平与发展、推动构建人类命运共同体的旗帜，国际影响力显著提升。

五、塑造中国大国形象

一个国家的国际形象通常是通过国家的综合国力、领导人形象、政府形象、企业形象、公民个体形象、名人形象等集体塑造而成的。

1. 综合国力

改革开放以来，中国逐渐发展成为世界第二大经济体国家，在政治、经济、文化、社会、科技、教育、法律、环境、外交、军事等方面均取得举世瞩目的成就，中国正在走向世界舞台的中央，在国际上发挥越来越大的作用。

如何才能加大对外宣传，塑造中国大国形象？我们既要“请进来”，又要“走出去”，通过“一带一路”建设和国际交流，用数据、行动和事实，真实、生动、立体地讲好中国故事。近年来，中国成功举办了一系列国际盛会，让世界看到了中国的进步与发展。

2. 政府形象

政府形象通常是通过应对国内外重大危机事件时的决策能力、管控能力、应对策略和方式、处理结果等方面塑造起来的。例如，中国政府在面对和处理新冠疫情、抗震减灾、扶贫脱困等重大问题时所采取的快速反应和有效应对措施赢得了国际组织和国际社会的赞誉，中国各级政府始终将“生命至上、为民解忧、为民服务”作为己任的无私奉献精神赢得了人民群众的信任，树立了一个“爱民、亲民、帮民、惠民”的政府形象。

3. 企业形象

在改革开放短短40多年的时间里，中国从一个工业制造大国转向一个制造强国，朝着一个创新型科技大国迈进。美国有谷歌、苹果和特斯拉，中国有百度、华为、比亚迪。中国的高铁、电动汽车、家电等企业已经打入国际市场。从中欧班列开通，到雅万高铁和2022年卡塔尔世界杯足球赛场馆建设，到处可见中国工程项目与中国制造产品，这些都大大提升了中国企业的国际竞争力和影响力，树立了中国企业形象。

4. 名人形象

名人也是提升国际形象的一个重要因素。美国通过商界精英、体育明星和文艺明星打造国际巨星，以此提高他们在世界的知名度和影响力。中国同样有一大批著名的企业家如任正非、雷军、宗庆后等，科学家如钱学森、屠呦呦、袁隆平等，文学家如路遥、梁晓声、迟子建等，艺术家如吴冠中、黄永玉、陈逸飞等，运动员如姚明、郎平、邓亚萍等，影视演员如成龙、李连杰、张艺谋等，他们树立了中国人在国际上的公众形象。

5. 个人形象

中国每年有几十万的留学生出国学习和深造，以及大批出国探亲访友和旅游的游客，他们的言谈举止不仅代表个人，也代表着中国人的文明素养和国家整体形象。

塑造中国大国形象需要我们每一个中国人、每一个单位、团体和组织以及每一个层级的政府部门和领导人共同努力。让我们为中华民族的伟大复兴开启新的征程，做一位中西方文化交流的使者，不仅要讲好中国的传统优秀文化故事，更要讲好现代人勇于创新、踔厉奋发的励志故事，重新找回属于我们中华民族的自信与辉煌。

中西方国际交流史

中西方国际交流史可以追溯到古代。以下是历史上发生的一些重要的交流活动。

(1)古代丝绸之路：公元前2世纪至公元14世纪，中国与罗马帝国之间通过丝绸之路进行贸易和文化交流。这条陆上贸易路线促进了东西方之间的经济和文化交流。

(2)哥伦布发现新大陆:1492 年,克里斯托弗·哥伦布发现了美洲大陆,开启了西方殖民和探险时代。这导致了西方列强的殖民扩张,并带来了欧洲和美洲之间的大规模人口迁移和文化交流。

(3)中国和欧洲的早期接触:16 世纪,中国明朝与葡萄牙、荷兰和其他欧洲国家建立了贸易和外交关系。

(4)马可·波罗的东方之旅:13 世纪,威尼斯商人马可·波罗在元朝时期访问了中国,并记录了他的旅行经历。有关他的著作《马可·波罗游记》在欧洲广为流传,为后来的探险家和商人提供了对东方的了解。

(5)中国近代的文化运动:19 世纪,中国开始进行改革,积极吸收西方科学、技术和政治制度。这导致了与西方国家更加密切的交流,包括派遣留学生到西方国家学习和请西方专家来中国讲学。

(6)中美交流:20 世纪 70 年代,中美关系正常化,中美之间的政治、经济和文化交流大幅增强。中国改革开放政策的实施也为中西方之间的交流提供了更多机会。

以上只是中西方国际交流史中的一些重要事件和里程碑。实际上,中西方之间的交流和互动是一个复杂而多样化的过程,涵盖了经济、政治、文化、科技等多个领域。这种交流对于双方的发展和文明的进步都起到了重要的推动作用。

资源共享

一、精彩图片

2021 年河南卫视春晚节目《唐宫夜宴》

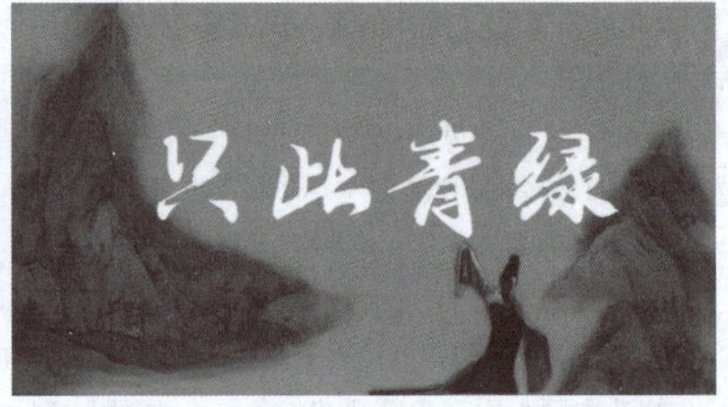

2022 年央视春节联欢晚会舞蹈诗剧《只此青绿》

中国高铁

了不起的中国制造

二、图书推荐

[1] 傅莹. 大使衣橱:外交礼仪之旅[M]. 北京:中信出版社,2021.

[2] 国务院国资委新闻中心,中国外文局,中国报道杂志社. 共生·共赢:中国企业海外形象建设案例集[M]. 北京:新世界出版社,2020.

[3] 韩冬临. 中外人文交流与国家形象构建[M]. 北京:中国社会科学出版社,2017.

[4] 何苏六,韩飞,程潇爽. 映像中国:纪录片参与下的国际传播与国家形象建构[M]. 北京:社会科学文献出版社,2020.

[5] 基辛格. 论中国[M]. 胡利平,林华,杨韵琴,等译. 北京:中信出版社,2012.

[6] 林大津. 跨文化交际研究:与英美人交往指南[M]. 福州:福建人民出版社.

三、视频推荐

(1)纪录片《大国崛起》。

(2)短片《感知中国新时代》。

(3)纪录片《河西走廊》。

(4)纪录片《行进中的中国》。

本章测试

一、判断题

请判断下列句子是对还是错。

1. 随着中国对外开放的不断深入,中国对外开展国际交流的步伐不断加快,交流合作的领域更宽,频率更高。(　　)

A. 对　　B. 错

2. 联合国总部设在瑞士的日内瓦。(　　)

A. 对　　B. 错

3. 国际奥林匹克委员会属于政府间的国际组织。(　　)

A. 对　　B. 错

4. 在处理对外关系时,中国始终坚持"互相尊重主权和领土完整,互不侵犯,互不干涉内政,平等互利,和平共处"的"五项基本原则"。(　　)

A. 对　　B. 错

5. 中国自古就有"礼仪之邦"之称,历史上孔子和荀子对"礼"均有阐述。(　　)

A. 对　　B. 错

6. "礼"不仅是个人素养的体现,更是一个国家、一个社会文明程度的象征。(　　)

A. 对　　B. 错

7. 国际传播与国家利益相关联,带有明显的政治倾向性和意识形态色彩。(　　)

A. 对　　B. 错

8. 国际传播主要指由内向外的传播。(　　)

A. 对　　B. 错

9. 国际形象通常指一个国家、一个民族的人民在国际上给世人留下的总体印象。(　　)

A. 对　　B. 错

10. 国际形象是一个国家综合实力的集中体现。(　　)

A. 对　　B. 错

二、选择题(单选或多选)

请在下列A、B、C、D选项中选择一个或多个正确答案。

1. 联合国的英文缩写是(　　)。

A. UN　　B. UNCF　　C. WHO　　D. APEC

2. (　　)被称为中国第一个开眼看世界的人。

A. 康有为　　B. 林则徐　　C. 梁启超　　D. 谭嗣同

3. 明朝万历年间意大利传教士利玛窦来到中国传教,他不仅带来西方先进的天文、历法、自然科学、哲学、艺术,同时将中国传统文化典籍(　　)译成拉丁文传播到西方,为中西方文化传播做出了巨大贡献。

A.《四书》　　B.《五经》　　C.《论语》　　D.《大学》

4. 在国际交流中,我们应该牢记和遵守以下几个原则:(　　)。

A. 相互尊重、遵守惯例　　B. 入乡随俗、灵活有度

C. 不卑不亢、信守约定　　D. 以右为尊、女士优先

5. 以下有关"握手礼"正确的说法有(　　)。

A. 握手礼是目前国际通用的政务礼仪和商务礼仪。

B. 握手时双方应目光对视、虎口相对,力度适中。

C. 握手时间不宜过长,一般上下晃三下。

D. 国家领导人见面握手时,要转身面向前方,给媒体留些拍照时间。

6. 国际礼仪主要分为(　　)等。

A. 政务礼仪　　B. 商务礼仪　　C. 服务礼仪　　D. 社交礼仪

7. 以下属于国际传播活动的有(　　)。

A. 首脑互访　　B. 双边会谈

C. 地区间峰会　　D. 开设国际广播电台、电视台

8. 国际传播的内容主要是指国际新闻的传播,涉及政治、(　　)以及文化等信息。

A. 经济　　B. 科技　　C. 教育　　D. 军事

9. 以下(　　)均属于中国官方主流报刊杂志。

A.《人民日报》　　B. 优酷　　C.《求是》　　D.《解放军报》

10. 国家形象一般由个人形象、(　　)等组成。

A. 名人形象　　B. 企业或组织形象
C. 政府形象　　D. 国家领导人形象

三、思考题

1. 关于如何更好地提升和塑造中国的国际形象,你有什么好的建议和想法?
2. 自媒体和社交平台的流行对国际传播带来了什么影响?

参 考 文 献

[1] 赵艳萍,李洁连. 文化与交际[M]. 北京:中国人民大学出版社,1999.
[2] 杜学增. 中英文化习俗比较[M]. 北京:外语教学与研究出版社,1999.
[3] 胡文仲. 跨文化交际学概论[M]. 北京:外语教学与研究出版社,1999.
[4] 徐行言. 中西文化比较[M]. 北京:北京大学出版社,2004.
[5] 程裕祯. 中国文化要略[M]. 北京:外语教学与研究出版社,2009.
[6] 王宪生. 西方文化[M]. 郑州:河南人民出版社,2010.

参考视频课程

[1] 国家精品视频公开课"文化差异与跨文化交际",郑州大学曾利娟主讲,爱课程网,网易公开课,2014.
[2] 国家精品在线开放课程"文化差异与跨文化交际",郑州大学曾利娟主讲,中国大学 MOOC,2018.